이화형 교수의 근대여성 이야기 ❸

# 김일엽,
## 완전한 인간이 되고자 두 길을 가다

이화형 교수의 근대여성 이야기 ❸

# 김일엽, 완전한 인간이 되고자 두 길을 가다

초판 1쇄 인쇄 · 2023년 6월 20일
초판 1쇄 발행 · 2023년 6월 26일

지은이 · 이화형
펴낸이 · 한봉숙
펴낸곳 · 푸른사상사

주간 · 맹문재 | 편집 · 지순이 | 교정 · 김수란, 노현정
등록 · 1999년 7월 8일 제2−2876호
주소 · 경기도 파주시 회동길 337−16 푸른사상사
대표전화 · 031) 955−9111(2) | 팩시밀리 · 031) 955−9114
이메일 · prun21c@hanmail.net / prunsasang@naver.com
홈페이지 · http://www.prun21c.com

ⓒ 이화형, 2023

ISBN 979−11−308−2054−5  03330
값 16,000원

**지식에세이**

10

이화형 교수의 근대여성 이야기 ❸

# 김일엽,
## 완전한 인간이 되고자 두 길을 가다

푸른사상
PRUNSASANG

# 여성에 앞서 인간이다

나는 남성이지만 오랫동안 여성문제에 관심을 갖고 연구를 해왔다. 이 세상을 함께 살아가는 여성들이 남성에 비해서 차별을 받고 있는 현실에 대한 비판적 인식이 바탕이 되었다. 다른 한편으로는 인간이 인간답게 살아갈 수 있는 가능성을 여성이 가진 여러 미덕들에서 찾을 수 있다는 생각이 있었다. 그중에서도 한국연구재단의 지원으로 12명의 팀을 꾸려 3년간 근현대 여성잡지를 모두 검토하여『한국 근대여성들의 일상문화』(전 9권, 2004)와『한국 현대여성들의 일상문화』(전 8권, 2005)를 출간함으로써 방대한 자료를 정리한 것은 참으로 보람 있는 일이다. 그 뒤로『뜻은 하늘에 몸은 땅에』(2009),『여성, 역사 속의 주체적인 삶』(2016) 등으로 여성연구는 계속되었다.

그러나 이러한 연구들이 대중과는 거리가 있다는 점이 늘 아쉬웠던 차에 한국 여성에 관한 지식을 많은 독자들과 공유하려는 의도로 '지식에세이'라는 이름의 총서(9권) 출간을 기획하였다. 그래서 2017년 1차로 '전통여성'에 관하여 『주체적 삶, 전통여성』, 『융합적 인재, 신사임당』, 『강직한 지식인, 인수대비』 등 3권의 저서를 간행했다. 그리고 2019년부터 2차로 '기생'에 대하여 『꽃이라 부르지 마라』, 『황진이, 풍류와 지성으로 살다』, 『이매창, 순수 서정으로 빛나다』 등 3권의 책을 출간했다. 마지막 단계로 2022년에 3차에 해당하는 '신여성'에 관한 총론으로 『열정에서 소외까지, 신여성』을 세상에 내놓은 바 있다. 이제 출간하는 2권과 3권은 신여성을 대표하는 나혜석과 김일엽에 대한 것이다.

내 가까이에 있는 여성학 전공자가 여러 번 조언을 해준 적이 있다. 오래전부터 세워놓은 계획에 따라 '신여성'에 관한 저술 출간을 준비하려는 나에게, "기생 전문가인데 기생에 집중하는 게 어떠냐?"는 것이었다. 하기는 한참 기생에 대한 논문이 발표되고 특강을 하고 다니는 것을 알았기 때문이리라. 게다가 '신여성'에 대해 너무 많은 책이 나와 있어 새로운 얘기를 하기가 어려울 것이라고 덧붙였다. 물론 도움이 되는 말이겠지만 선뜻 수용하고 싶지 않았다.

'신여성'에 대해 집필하지 않으면 안 되는 나만의 특별한 이유가 있다. 많은 연구자들이 '신여성'에 관해 분석적인 논의를 했지만 늘 '가부장제'로 짓누르는 전통여성과 대척 지점에서 신여성을 언급하는 경향이 짙었다. 즉 전통여성에 대해 깊은 통찰 없이 신여성만을 부각시키는 것은 아닌가 하는 의구심이 떠나지 않았다. 다시 말해 한 사람이 일관된 시각을 갖고 한국 여성 전체를 대상으로 논의한 경우는 거의 없었다고 보기 때문에 이 책을 쓰고자 했다. 따라서 나는 계획대로 '주체'라는 키워드를 가지고 한국 여성사의 흐름 속에서 '신여성'을 다뤄보고자 한다. 이는 신여성 이전의 자유로운 존재였던 '기생'이나 내적 주체의 삶을 산 '전통여성'과의 비교를 통해 '신여성'의 정체성을 밝히는 것이 좀더 설득력이 있을 것이라는 원론적인 데서 출발하기도 한다.

한편 '신여성'이라고 하면 '구여성'과 대조되는 의미로 사용되는 어휘이나 신교육, 신학문, 신문명 등 '신'이 들어가는 말들은 대부분 긍정적으로 인식되는 데 비해 '신여성'이라고 하면 상당히 부정적인 이미지로 인식되기도 한다. 그 원인은 여성 억압적인 우리들의 왜곡된 태도에 있을 것이다. 그 첫 번째로 김활란이 "남녀평등이란 하늘이 부여한 권리인데 남성들이 그것을 시인하느니 부인하느니 하는 자체가 부당하다.”고 한 바와 같이 남성들에 의해 조작된 남성 우월적 프레임을 무비판적으로 수용한 여성들 내부에도 문제가 있다. 두 번째는 나혜석의 “껑충 뛰는 자를 비록 입으로는 비난하더라도 마음으로는 존경을 표하는 것이다.”라고 한 말처럼 주체적이고 잘난 여성에 대해서는 거부감을 갖는 비문명적 사회 탓이라 할 수 있다.

비록 성공은 못 했더라도 새 시대를 여는 데 혼신을 다했던 신여성의 노력에 대해 1권에 ‘열정에서 소외까지’라는 표제어를 붙이고 한국 여성문화를 체계적으로 이해하기 위해 전통여성과 기생들에게 적용했던 방식으로 그녀들에 관해 여성교육, 섹슈얼리티, 젠더의 측면에서 다뤄보고자 했다. 이제 2권과 3권에서도 큰 틀에서 여성교육, 섹슈얼리티, 젠더의 방식으로 나혜석과 김일엽의 삶과 활동을 살펴보고자 한다. 그녀들은 “먹고만 살다 죽으면 그것은 사람이 아니라 금수라”고 생각하면서 주체적 각성과 인격 형성을 위한 여성교육의 가치를 깨닫고 그 목표를 실천하고자 애썼으며, “진실한 사랑을 상대에게 온전히 바칠 수만 있다면 언제든지 처녀로 자처할 수 있다”는 ‘신정조론’을 주장하며 차별적 성 이데올로기에 맞섰으며, 자신들의 권리를 찾기 위한 여성운동을 전개했을 뿐만 아니라 참된 인생이 무엇인지를 치열하게 고민했고 국권 회복을 위한 독립운동에 기개를 보이기도 했다.

오랫동안 소외되어온 이 땅의 많은 여성들에게 이제 행복을 돌려주어야 할 책임이 우리들에게 있다. 특히 봉건적 잔재, 식민 통치 등 몇 겹의 억압을 뚫고 사회적 자아로서의 책무를 다하고자 했던 신여성들은 선각자로서 대우받아 마땅하다. 이 책에서는 정체성을 잃지 않으려 최선을 다했던 그녀들의 주체적인 삶을 정확하게 밝히는 데 주력하였다.

이 총서 출간에 기꺼이 함께해주신 푸른사상사의 한봉숙 대표님께 깊이 감사드리며, 편집진의 노고도 잊을 수 없다.

2023년 여름
書川齋에서
이화형

# 차례

# 프롤로그

김일엽(1896~1971)은 앞서 다룬, '한 길'을 간 것으로 이해되기 쉬운 동갑내기의 가장 가까운 지인이었던 나혜석[1]과 비교하여 '두 길'을 간 데서부터 관심을 끄는 편이다. 두 사람의 관계는 삶의 목표와 방식에서 뚜렷한 차이를 보인다. 나혜석은 융합적 삶을 목표로 한 길을 갔고, 김일엽은 완전한 인간이라는 목표를 향해 두 길을 갔기 때문이다. 김일엽의 경우 절반 이상을 차지하는 선승으로서의 생애에 대해 알기 쉽지 않으며, 섣불리 언급되곤 하는 남성 편력의 꼬리표 또한 그녀의 이해를 무겁게 하는 편이었다. 연보마저 완

---

1 이화형, 『나혜석, 융합적 삶을 위한 외길에 홀로 서다』, 푸른사상사, 2023.

전히 정리되지 않은 점도 심도 있는 연구를 위해 넘어야 할 과제였다.

그동안 김일엽에 대해 출가 전과 후의 삶으로 구분 지어 서로 다름을 이야기하는 경향이 짙었다. 그러나 양분하여 차별화시키는 방식은 바람직하지 못하다고 본다. 김일엽은 소아적인 인간으로서 부족했기 때문에 대아적인 문화인이 되고자 출가했다[2]고 말한 뒤 "부처님이 완인의 대표요 표준적 문화인인데, 우리가 귀의하려는 것은 무슨 부처, 무슨 부처 그 이름을 가진 인간이 아니요, 그 알아 얻은 창조성을 말하는 것이다."라고 말하면서 "문화인이란 불멸의 생명을 붙잡는 살아 있는 인간을 말한다."[3]고도 했다. 김일엽이 지향한 삶의 본질은 하나요, 그녀는 완전한 인간 즉 완인(完人)이라는 문화인이 되고자 했고, 그 목표는 일관성 있게 유지되었다. 김일엽은 인생 문제만 해결되면 모든 문제는 해결된다고 생각하였다. 사람이 산다는 것이 무슨 의미이고 어떻게 살아야 하며 삶의 끝에는 과연 무엇이 있는가 하는 근원적인 질문 앞에 고민하고 갈등했다. "인생이 되는 첩경은 입산수도 생활이다. 세속에서도 하지 못하는 것은 아니지만

2   김일엽, 「눈물과 인생과 행복과—」, 『청춘을 불사르고』, 김영사, 2002, 146~149쪽.
3   수덕사 환희대 편, 『일엽선문』, 문화사랑, 2001, 207쪽.

세속에서 하는 일은 더운 물방울로 얼음을 녹이려는 것이요, 중이 되는 것은 얼음 덩어리를 뜨거운 가마솥에 넣어 녹이는 것 같은 일이다."(「눈물과 인생과 행복과—」)라고 말한 것도 그 때문이다.

그녀는 세속에서나 불가에서나 완전한 인간 즉 문화인이 되고 싶었다. 조계종 서옹 종정이 "일엽 스님의 전반생은 파란중첩의 길이었다고 할 수밖에 없지만 오히려 그것을 밑바탕 삼아 성불 완덕의 광명을 추구할 수 있었다. ─ 일생을 두고 진리를 찾아 헤맨 진불답게 일엽 스님의 후반생은 빛에 충만될 수 있었다."[4]고 한 평가는 매우 적실하다고 본다.

신여성의 리더이자 최고의 비구니였던 김일엽의 경우 다른 사람과 가장 먼저 차별화될 수 있는 지점에 '글쓰기'가 놓인다고 본다. 김일엽은 남성의 독점적 영역이었던 글쓰기에 도전하여 완전한 인간에 이르는 여정으로서 세속에서는 여성의 비인권적 현실을 파헤쳤고, 출가해서는 수도자의 삶을 펼쳐 보였다.

이광수의 「규한」(1918)에서는 남편의 편지 한 통에 구여성

---

4　서옹, 『미래세가 다하고 남도록』 간행사, 『일엽선문』, 문화사랑, 2001, 302쪽.

은 아내라는 지위조차 뺏기고 미쳐버리고 마는데, 김일엽의 「자각」[5]에서는 남편이 버린 구여성이 교육을 통해 자아를 찾아가는 매체로 편지가 사용되고 있어서 큰 차이를 보여준다. 글쓰기는 김일엽에게 여권 회복의 유효한 수단이었다. 한편 저널리즘이 남성들의 전유물이던 시기인 1920년에 김일엽은 여성 스스로 만드는 여성지를 표방하고 『신여자』를 창간했다는 점에서 최초의 여성 저널리스트로 불리게 되었다. "조선 여자 전체의 것"이라고 밝혔던 『신여자』는 여성 담론 형성의 푯대가 되기에 충분했다.

문자도 참선에 망상이 된다는 스승 만공의 권유에 따라 절필했던 김일엽이 1960년대 들어 『청춘을 불사르고』 등의 산문집을 연달아 출간했던 것도 그녀의 타고난 글쓰기 열정 때문이었다. 또 "그 모든 해결법을 부처님이 먼저 알아 얻어 쓰시니 부처님께 귀의하여 몸소 알아 보라는 외침이 곧 이 글이다."라고 회고록 집필 배경을 설명했듯이, 그녀는 불문에 들어서면서부터 글을 쓸 수 있는 때를 기다렸을지도 모른다.


완전한 인간을 지향하며 여성해방을 부르짖었던 김일엽

5  『동아일보』, 1926. 6. 19~26.

은 남성 중심의 폐습으로 사회가 야만스럽고 국가는 빈약해 졌다고 개탄하면서 새 시대를 맞아 신여성의 사명이 절실하다고 보았다. 무엇보다 신여성의 자각을 호소하며 현상을 타파하고 사회를 개조하기 위한 여성교육의 보급을 강력히 주장하였다. 김일엽은 남달리 자각이 없던 구여성마저 여성교육을 통해 충분히 신여성처럼 주체성을 획득할 수 있음을 보여주었다.

김일엽은 "남자가 이미 결혼했다고 하더라도 다른 여자와의 연애가 그르다고 할 수는 없다"고까지 했고 "진실한 성적 대상자를 구하려면 그래도 기혼 남자 외에는 드문 줄 안다"고 하면서 파격적으로 성적 신도덕의 건설을 제안했다. 그녀의 사랑과 성에 대한 혁신적인 생각은 구호에 그치지 않았다. 이노익과의 결혼과 이혼을 비롯하여, 오타 세이조와의 연애와 출산, 임장화와의 연애와 동거 등을 통해 김일엽은 성차별적인 이데올로기와 사회구조 속에서 성적 자기 결정권을 지키고자 하였다.

김일엽은 섹슈얼리티와 관련된 만남과 동거 등의 체험 이후 자유연애론과 신정조론을 내세웠다. 이 주장을 관통하는 핵심적 가치는 '인격'이었으며, 사랑이든 정조든 그녀의 궁극적인 관심은 '완인'의 도달이라는 영원한 진리의 모색에 있었다. 특히 '신정조관'의 선언은 오랫동안 여성에게 강요되어온 육체 중심의 정절 이데올로기를 대체하는 혁명적인 정신적 성 모럴로서 사회에 커다란 충격을 주었다.

김일엽은 1928년 금강산 마하연에 입산했고 비구니 이성혜 은사를 만나 삭발하였으며, 그해 10월 서울 안국동에 있는 선학원에서 만공 법사로부터 수계를 받았다. 1933년 6월 마하연 선원에서 만공의 지도를 받아 출가한 것으로 보며, 그해 9월 덕숭산 수덕사로 만공 선사를 따라 이거한 뒤 견성암에 주석하였다.

김일엽의 출가는 현실에서 도피하기 위해 극적으로 이루어진 것이 아닌, 여성의식의 분출이나 인간 해방의 명제와 닿아 있기도 하다. "산에 들어와서 처음 한 공부는 살고 보자는 것이었다."는 김일엽의 고백은 그녀의 불가 귀의가 적극적으로 인간의 삶을 이어가기 위해서였음을 의미한다. 만공 선사가 "인간이 가장 귀한 의미가 바로 나를 찾는 데 있다."고 말했듯이 늘 진아(眞我) 찾기에 집중했던 김일엽은 "인간은 내 마음대로 하는 나를 이루어야 비로소 가장 귀한 인간이 되는 것을 알았다."고 실토하였다.

김일엽은 "곡식을 심어 가꾸어서 거두기까지의 노력이 가치 있는 것이지 …(중략)… 완성이 되기 전에 만족을 느껴 그만둔다면 본래 우매한 중생과 마찬가지로 생사고를 못 면할 것이 아니오리까? 그래서 나도 주희씨와 같이 견성암 중이 되려 하나이다."라고 밝힌 바 있다. '완인'이 되고 싶은 꿈이 쉬 해결되지 않음을 깨닫고 불문에 들었던 것이다. 김일엽은 "완전한 인간만 되면 자유와 평화를 누리게 된다. 마음대로 하는 정신을 다 알아 쓰기 때문에 대자유인이 되는 것이다."라고 갈파하였다.

김일엽은 최초의 여성 언론 주간이었으며 문인이었고 여성운동가였으며 나중에 승려가 되었다. 치열하게 현실에 맞서서 자신이 옳다고 생각한 바를 당당하게 실천해나간 선각자이자 문화인이었다. 많은 남성을 만나 자유로이 연애를 할 수 있었던 것도 진아(眞我) 찾기이자 완인(完人) 즉 문화인에 이르는 과정이었다. 김일엽은 "이 몸과 혼 / 생명인 줄 그릇 알고 / 몸과 혼 사라질 제 / 몸부림쳐 우짖더라"(「몸과 혼(魂)」)고 간절히 목놓아 시를 읊은 바 있다. 김일엽은 인생 문제의 해결을 위해 세속에서 열정을 쏟아부었으나 다 채워질 수 없음을 알고 마침내 스스로 불교 수행의 길로 들어서야 했던 것이다. 이렇듯 김일엽은 고통을 짊어지고 세상에 태어나서 고통을 벗어나 입적할 때까지 평생을 완인 즉 문화인이 되고자 고군분투했던 한국 여성사의 푯대 같은 인물이라 할 수 있다.

제1부

# 신여자의 길

〈김일엽 선생의 가정생활 1〉(나혜석, 1920)

# 1
# 잎새 하나 바다로 향하다

---

## 가족의 죽음

김일엽은 1896년 6월 9일 평안남도 용강군 삼화면 덕동리에서 부친 김용겸과 모친 이마대 사이에서 5남매의 장녀로 출생했다. 본명은 원주(元周)이고 필명이 일엽(一葉)이다. 출가 후의 법명은 하엽(荷葉), 도호는 백련도엽(白蓮道葉)이다. 본명을 제외하고 그녀가 평생 활동하면서 사용하던 이름 모두에 들어가는 '엽(葉)'이라는 글자는 금방이라도 떨어져버릴 잎새 하나 같은 그녀의 외로운 생애를 집약하는 듯하다.

김일엽의 어머니 이마대는 17세 때 집안의 강요로 초혼에 상처한 22세 홀아비 김용겸에게 억지 혼인을 당했으나 두 사람은 곧 사이좋은 부부가 되었다[1]는 말도 있다.

김일엽의 가족은 그녀의 나이 8세가 된 1904년에 대동강 하류의 연안 도시인 진남포로 이사를 했다. 일찍 개화한 아버지 덕에 어렸을 적부터 서당에 다니며 한학을 배운 김일엽은 기독교 신자가 된 아버지의 뜻에 따라 이해에 용강군 구세학교에 들어갔으며, 2년 후인 1906년 10세 나이에 감리교가 세운 진남포 삼숭보통학교에 입학하였다. 이곳에서 나중에 우리나라 최초의 여류 성악가이자 〈사의 찬미〉로 유명해진 윤심덕과, 용강에서 함께 자란 동네 친구이자 현 인덕대학교를 설립한 박인덕 등이 당시 단짝 친구로 함께 수학하였다.

김일엽의 부친은 마을의 세력 있는 양반으로 향교의 향장을 지낸 성리학자였는데 김일엽이 삼숭학교에 진학할 즈음에는 목사가 되어 있었다. 그녀의 아버지는 독실한 목사여서 예수께서 남을 사랑하기를 내 몸같이 하라고 하신 말씀 그대로 실천하며 일생을 감사하는 생활로 자족하며 마친 분이었다[2]고 한다.

그녀의 어머니는 김일엽을 맏이로 5남매를 낳고 일찍 단

1 신영숙, 「김일엽/최초의 여성잡지 「신여자」 창간, 최초의 여성주간」, 『한국 역사 속의 여성인물 (하)』, 한국여성개발원, 1998, 25쪽.
2 김일엽, 「B씨에게 – 제1신」, 『청춘을 불사르고』, 김영사, 2002, 26쪽.

김일엽, 완전한 인간이 되고자 두 길을 가다

산했다. 불행히도 다 잃어버리고 하나만 남은 일엽을 남의 집 열 아들 부럽지 않게 키운다고 벼르고 별렀다. 교회에 다닌 덕에 일찍이 개화한 어머니는 여자가 학교에 다니는 일이 있는 줄도 모르던 당시에 딸을 입학시켜 '여학생, 여학생' 하고 불리는 자랑스러운 몸이 되게 했다(「B씨에게-제1신」)고 한다. 김일엽의 어머니는 딸을 계집아이 같지 않게 자유롭게 키우려는 의지가 강할 뿐만 아니라 세상에서 가장 뛰어난 사내대장부로 만들려 했다는 것이다.

부모의 혼인 후 6년 만에 첫아이로 태어난 김일엽은 진보적인 목사 아버지와 개화한 어머니 사이에서 진취적인 기상을 지닌 소녀로 성장할 수 있었다. 그러나 그녀에게 엄청난 변화와 시련의 바람이 불어닥친다. 가족애가 두터웠던 만큼 잇단 가족의 죽음은 평생 그녀에게 잊을 수 없는 아픈 상처가 되었다.

김일엽은 인주를 비롯한 네 명이나 되는 어린 동생들의 죽음을 줄줄이 지켜보아야 했다. 그녀는 1907년 '동생의 죽음'이라는 제목으로 시를 지었다. "귀여운 내 동생이 / 어느 하루는 / 불 때 논 그 방에서도 / 달달달 떨고 누웠더니 / 다시는 못 깨는 잠 들었다고 / 엄마 아빠 / 울고 울면서 / 그만 땅속에 영영 재웠소 / 땅 밑은 겨울에도 / 그리 춥지 않다 하지만"[3]이라고 절규한 것이다. 이때 그녀의 나이는 11세였지만 이미 어린 나이에 죽음이 무엇인지 알게 되고 처음으로 이별이라는 슬픔과 고통을 체험하게 되었다.

집과 땅을 다 팔아서라도 대학 공부까지 시켜준다던 어머니 역시 동생이 죽은 지 불과 2년밖에 지나지 않아 길일엽의 나이 겨우 13세인 1909년에 세상을 떠나고 말았다. 그녀는 어머니의 무덤에 찾아가서 "회고의 비애는 창자를 끊고자 하나이다."[4]라고 눈물을 쏟으며 통곡하였다. 폐결핵을 앓던 어머니가 남동생을 낳은 뒤 산후가 좋지 않아 죽음을 맞게 되고 갓 태어난 동생도 3일 만에 죽은 것이다.

김일엽은 1912년 삼숭보통학교 보습과를 수료한 뒤 서울로 올라왔고, 17세가 되던 1913년에는 이화학당 중등부(이화여고 전신)에 입학하였다. 이때부터 나중에 이화여자대학교 총장을 지내게 되는 김활란 등과 교분을 쌓기 시작한다.

그리고 아버지는 아들 둘을 둔 과부 하은총과 재혼해 살고 있었는데, 하은총은 의병장을 지낸 정원모 장군의 아들 정기찬의 부인이었다. 남편과 시아버지가 연이어 사망한 뒤 하은총은 후일에 유명한 정치인이 된 큰아들 정일형을 놔두

---

3    김일엽, 「진리를 모릅니다」, 『여성동아』, 1971. 12.
4    김일엽, 「어머니의 무덤」, 『신여자』 창간호, 1920. 3.

고 둘째아들 정신형을 데리고 김용겸에게 시집을 왔던 것이다. 「아버님 영전에」(『동아일보』, 1925. 1. 1.)에서 밝혔듯이 부녀지간의 각별한 정을 보여주던 부친마저 이화학당을 다니던 1915년 별세하고 말았다.

10대에 가족을 모두 다 떠나보내고 혼자 남게 된 그녀의 척박한 삶은 보통 사람이 감당해내기 힘든 것이었다. 김일엽은 일찍 부모 없이 70세가 넘은 외할머니 집에 가서 살아야 했다. 가족을 전부 잃는 와중에 그나마 인정과 물질로 자신을 끝까지 후원해준 외할머니 한 분이 계셨음을 언급하면서 외조모가 있었기에 학교 교육을 받을 수 있었다[5]고 그녀는 회고한 바 있다. 물론 일본 유학도 외할머니의 후원이 있었기에 가능했다.

나이 20세도 되기 전에 부모 형제를 모두 잃고 유산도 하나 없는 천애의 고아가 되고 난 이후에 김일엽은 "사상적으로나 사업적으로나 방향을 정하지 못한, 그러한 내가 그래도 현해탄을 건너 일본으로 드나들며 학생의 몸으로, 사회인으로까지 겸하게 되었으니 가소로운 노릇이었다."[6]라고

5    김일엽, 「이 책을 내는 까닭」, 『청춘을 불사르고』, 김영사, 2002, 9~10쪽.
6    김일엽, 「진리를 모릅니다─나의 회상기」, 『미래세가 다하고 남도록』 (상), 인물연구소, 1974.

쓸쓸한 심정과 추회를 드러낸 바 있다. 그녀의 삶의 이력에서 젊은 나이에 경험한 두 차례의 일본 유학 생활은 매우 중요한 의미를 지닌다고 본다.

어린 시절에 겪은 일곱 차례나 되는 가족의 죽음은 목사의 딸로서 모태신앙이었던 기독교에 대해서조차 회의를 품게 했다. 한두 번도 아닌 연이은 혈육의 죽음을 통해 어린 나이에도 불구하고 그녀는 이미 삶이란 영원하지 않으며 죽음은 언제 어떻게 찾아올지 모르는 불교적 '제행무상(諸行無常)'을 느꼈을 것이다. 절대적인 사랑에 대한 추구가 좌절되고 현실적 비난이 쇄도하던 시기에 그녀는 "부모도 형제도 없는 외로운 나는 혼자서 울고 부르짖을 뿐이었다."[7]라고 고백한 적도 있다. 끝없이 변화하는 삶에 대해 공허함을 자각했을 것이다.

가족의 비극적 생의 마감에 그치지 않고 그녀가 겪어야 했던 죽음에 대한 인식은 도를 더해 가면서 문학작품으로 이어지게 되었다. 즉 김일엽의 첫 소설인 「계시」(1920)는 아들의 죽음을 둘러싼 어머니의 시선을 통해 죽음이 삶에 미치는 영향과 피할 수 없는 존재적 한계에 대한 작가의 고뇌를 보여주었으며, 「어느 소녀의 사(死)」(1920), 「순애의 죽음」

---

7  김일엽, 「일체의 세욕을 단(斷)하고」, 『삼천리』, 1934. 11.

(1926), 「단장」(1927), 「희생」(1929) 등을 통해서 그녀가 부딪친 현실과의 거리감, 좌절과 고통에서 벗어나려는 의도를 엿볼 수 있다.

어떤 죽음은 태산보다 무겁고 어떤 죽음은 새털보다 가볍다고도 한다. 김일엽에게 죽음은 피할 수 없는 자연의 섭리이자 완전한 사랑과 인생을 이루기 위한 통과의례로 인식되었다. 그리고 죽음을 생명이라는 큰 테마 속에서 파악하는 가운데 그녀는 인간 존재의 의미를 종교적 완성의 길로 제시할 수 있는 가능성을 열어 보였다. 그녀의 사생관으로 볼 때 죽음은 인생의 끝 즉 사멸이라기보다는 결핍된 삶의 보완적 의미에 가까움을 알 수 있다. 그녀가 불문에 들어간 뒤 깨달은 바를 말하면서 "믿을 수 없는 것이 생명이라 언제나 죽음에 대한 대비로 자기의 정신력을 길러 가야 한다."[8]고 했던 것도 이와 무관하지 않다.

김일엽이 20대 초반까지 가족의 죽음과 이별을 통해서 얻게 된 고독과 고통의 체험은 그녀를 불교와 만나게 하는 원초적인 힘이 되었을 것이다. 그리고 그녀가 불가에 입문하기까지 세속에서 끊임없이 사랑을 갈구한 것도 어릴 때부

---

8    김일엽, 「믿음이란 무엇인가」, 『청춘을 불사르고』, 김영사, 2002, 242쪽.

터 고아로 자라 외로움이 많았기 때문이라 본다. 그녀가 회고록에서 5대 독자 집 무남독녀로 어린 시절 부모님을 모두 잃고 외톨이로 살아왔음을 고백한 것에 주목할 만하다. 독한 외로움과 그리움은 자연스럽게 결혼이나 동거와 같은 애정적 집착 현상으로 이어졌고 나아가 거대한 남성 중심 사회와 부딪쳐야 하는 인간적 불만과 불안에 휩싸이게 되었다. 가족과 사회로부터 얻은 모든 채워지지 않는 그녀의 상실감과 고독감은 마침내 구도자의 길을 선택하게 했고 그녀로 하여금 문화인에 도달하기 위한 여정과 성숙을 가능하게 했다.

## 이노익과 이혼

김일엽은 어린 시절부터 이미 곡절 많은 인생의 온갖 슬픔과 고뇌를 겪어야 했다. 심지어 그녀는 외할머니의 도움으로 17세에 서울의 이화학당에 진학하였으나 재학 중에 어느 재력가 남자를 만나 약혼을 했다가 파혼을 당한 바도 있다. 재산가 청년과 헤어지며 처음으로 그에게서 받은 많은 돈으로도 자신의 상처를 메우지 못함을 알고는 어떤 돈도 인간의 욕망을 채우기엔 모자란다는 사실을 깨달았다고 하며, 이때부터 그녀는 "창자를 위로할 만한 음식과 한서를 피할 만한 옷만 있으면 그만이다."(「진리를 모릅니다―나의 회상기」)라는 나름대로의 인생관을 터득했다고도 한다.

부모 형제 없이 외롭기 그지없는 김열엽은 외할머니에게 의지하여 살 수밖에 없었다. 그 무렵 대학교수 이노익으로부터 혼담이 들어오자 그녀는 늙은 할머니에 대한 부담과 경제적 빈곤을 벗어나기 위해 주위의 반대를 무릅쓰고 선뜻 청혼을 받아들였다. 당시 이노익은 1914년 미국 오하이오 웨슬리언대학교를 졸업하고 귀국하여 1915년경부터 연희전문학교에서 화학 교수로 재직하고 있었다.

김일엽은 1918년 3월 20일 이화전문을 졸업하고 동대문 부인과 병원의 간호 과정을 수료하였다. 졸업한 이후의 김일엽의 행적은 다소 불분명한데, 졸업하고 하숙 생활을 하고 있던 김일엽에게 하숙집 주인아주머니가 신랑감을 소개해준 것으로 알려지며, 이노익은 이때 나이가 이미 40이나 되었고 신체적 장애가 있었으며 20세의 아들을 두고 있었다. 자세히 알 길은 없으나 22세가 된 김일엽은 1918년 여름에 이노익 교수와 한국 개신교 최초의 교회인 정동예배당에서 화촉을 올리고 서대문 평동에 자리를 잡았던[9] 것으로 알려지고 있다.

9 『매일신보』, 1930. 5. 13.

결혼식을 올리고 첫날밤이 다가왔다. 김일엽은 두근거리는 가슴을 진정시키며 방에 앉아 있었다. 이윽고 신랑 이노익이 방 안으로 들어와서는 옷을 벗기 시작했다. 그런데 바지를 벗고는 한쪽 다리를 떼어 벽에 세워두는 것이 아닌가. 신부 김일엽은 소스라치게 놀라 "으악!"하고 소리를 지르고 말았다. 이노익은 절름발이가 아니라 아예 한쪽 다리를 잘라내고 의족을 한 사람이었다. 첫 부인도 이 의족에 놀라서 결혼 직후 이혼했다고 한다. 신랑이 다리가 불편한 줄은 알았지만 그녀에게 절름발이라고 거짓말을 할 줄을 몰랐다. 신혼 초야가 공포와 절망의 시간으로 바뀌는 순간이었다.

심각한 정신적 충격을 받고 슬픔과 탄식 속에 밤을 지새운 김일엽은 마음을 굳게 다잡았다. 이왕지사 이렇게 된 상황에 어떻게든 이 시련을 헤쳐나가리라 결심하였다. 당시 김일엽의 처지에 대해 "내면에서는 이노익과의 결혼생활을 불행하게 느끼면서도 표면상으로는 만족감을 표명하면서 남성과 가정에 대한 여성의 책임을 강조하는 위장적이고 모순된 심리상태"[10]였던 것으로 분석되기도 한다.

무엇보다 비교적 경제적인 여유가 있었던 남편의 자산을

---

10  방민호, 「김일엽 문학의 사상적 변모 과정과 불교 선택의 의미」, 『한국현대문학연구』20, 한국현대문학회, 2006, 365쪽.

기반으로 그동안 꿈꾸어왔던 일을 새롭게 시작해보고자 하였다. 글 쓰는 일은 물론 여성운동에 매진하기 위해 일본에 다녀올 필요를 느낀 김일엽은 남편의 동의를 얻어 혼자 일본으로 떠날 수 있었다. 그리고 그녀는 1919년 외조모의 도움으로 일본 유학을 떠나 도쿄에 있는 에이와(英和)학교에 입학하였다. 입학 후 그녀는 영어를 공부하며 서구의 문명과 사상을 익히기에 전념했다. 유학 시기에 대해서는 약간의 이견이 있어 김일엽의 제1차 도쿄 유학이 1915년부터 1918년이었다고도 하며, 아울러 이화학당 졸업년도를 1915년으로 밝힌 경우도 있다.[11]

에이와학교에 다니던 시절 그녀와 연인 사이라는 소문의 주인공이었던 이광수를 비롯하여 나혜석, 허영숙 등과 교류하면서 이광수로부터 일본의 천재 작가였던 히구치 이치요 (樋口一葉)에게서 딴 '일엽(一葉)'이라는 필명을 얻었다. 당시 이광수에게 보낼 허영숙의 연애편지를 김원주가 대신 써준 사실을 안 이광수가 그 문장이 뛰어남을 찬탄하면서 일본 근대 여성문학의 선구자의 이름을 붙여주었던 것이다. 필명이 마음에 들었던지 김일엽은 "가냘픈 한 잎새가 / 폭포 중

11  야마시타 영애, 「식민지하 조선의 신여성－김일엽의 생애와 사상」, 『동아시아 국민국가 형성과 젠더』, 소명출판, 2009.

에 떨어져서 / 으깨고 조각나도 / 다만 / 그 넋(魂)일랑 / 대해(大海)까지 이르고저"의 「한 잎」이라는 제목의 시를 짓기도 했다. 김일엽과 이광수는 같은 평안도 출신이고 일찍 부모를 잃었으며 배우자를 두고 유학을 온 환경적 요인과 탁월한 문학성 등에서 쉽게 가까워질 수는 있었으나 그리 오래가지는 못했다.

김일엽은 1920년 3월 에이와학교를 수료하고 귀국한 후 남편의 도움을 받으며 최초의 여성잡지라는 『신여자』를 창간하여 여성의 인권 신장을 위해 헌신적으로 활동하였다. 그러나 아내를 물심양면으로 지지해주던 것과 달리 이노익의 가부장적 간섭은 그녀를 더이상 참을 수 없게 하였던 듯하다. 언론에서는 김일엽이 남편에게 이혼을 요구한 뒤 일본으로 건너가 결국 요코하마에서 남편을 미국으로 떠나보냈다[12]고 하는가 하면, 일찍이 이노익은 4월 19일 학술 연구 목적을 갖고 사이베리아호 배를 타고 샌프란시스코 항에 도착했다[13]고 보도한 바 있다. 이러한 정보에 의하면 김일엽과 이노익은 1921년 초겨울에서 그 이듬해 봄 사이에 헤어진 것으로 보인다.

12 「인습과 전통에 반항 소년 출가한 김일엽」, 『매일신보』, 1930. 5. 13.
13 「리노익 씨 본항에 안착」, 『신한민보』, 1921. 4. 21.

김일엽은 일본으로 떠나고 남편은 미국으로 각각 건너감으로써 불행했던 첫 결혼은 이혼이라는 형식적 절차만을 남겨놓은 채 막을 내리고 말았다. 김일엽이 "개성의 눈 뜰 새도 없이 나한테 아버지뻘이나 되는 이와 이해 없는 결혼을 하였다."[14]고 회고했던 바와 같이 나이 차이도 많고 애정도 없었던 이노익과의 결혼생활은 1918년 이후 3년 만에 끝나게 된 것이다. 마침 일본에서의 노월 임장화와의 동거는 그들의 이혼을 부추겼을 것이다. 사랑 없는 결혼생활에 환멸을 느껴 헤어지려 몸부림쳤으나 세상 평판을 의식하여 쉬이 놓아주지 않았던, 이노익에 대한 증오와 갈등이 컸다고도 한다. 당시 김일엽의 내면세계는 상당히 황폐해져 있었던 것으로 알려진다.

14  김일엽, 「회상기」, 『동명』, 1922. 2.

## 2
# 『신여자』를 발간하다

_____

## 여성의 글쓰기

프랑스의 철학자 엘렌 식수는 "글쓰기 행위는 또한 여성에 의한 말의 장악을 나타내게 될 것이다. 늘 여성의 억압 위에 형성되었던 역사, 그 역사 속으로 여성이 요란스럽게 입장함을 알리게 될 것이다."[1]라고 말한 바 있다.

메어리 엘만이 "여성들의 저술은 그것이 마치 여성 자신인 것처럼 대접을 받는다. 그래서 비평은 기껏해야 젖가슴과 둔부의 지적 측정이 될 뿐이라."[2]고 지적했을 만큼 그동

---

1   엘렌 식수, 『메두사의 웃음/출구』, 박혜영 역, 동문선, 2004, 19쪽.
2   김성곤, 『포스트모던 소설과 비평』, 열음사, 1998, 159쪽.

안 여성의 글은 경시되었다. 열악한 조건에 따라 여성들은 글을 쓰는 데 구속받아왔고 근대 한국 여성들도 몇 겹의 억압적 환경에서 글을 써야 했다.

그러나 언어를 잃고 있던 여성들이 이제는 자신들을 위해 글을 쓰고자 했다. 여성적 글에는 여러 목소리가 들어 있고, 앞뒤가 맞지 않는 구문이 보이고, 동어 반복이 심하게 나타나는 등 일관성이나 논리성이 부족하다는 지적도 피하기 어려운 게 사실이다. 하지만 정제되고 공식화된 표현 방식보다 거칠고 다양한 언어 표현이 오히려 진정성이나 설득력을 지닐 수 있다. 여성적 글쓰기를 공론의 장으로 끌어내는 것이 여성해방의 주요 과제라고 하는 것도 바로 이런 이유이기도 하다.

음성언어인 말과 달리 문자언어인 글의 발달은 지적인 훈련이 요구되는 분야라 할 수 있다. 근대교육이 이루어지고 사회활동을 하게 되면서 여성이 자기 목소리를 내는 여성의 글쓰기가 가능해졌다. 김일엽은 백성욱에게 "여자인 나의 글이 처음으로 신문과 잡지에 발표되니 전 사회에서는 무조건적으로 반가워하게 되었나이다."(「B씨에게-제1신」)라고 말한 적이 있다. 글쓰기 작업은 김일엽에게 개인적인 소외로부터 벗어나게 해주는 수단을 넘어 그토록 염원했던 여성해방을 성취해가는 필수의 통로였다고 할 것이다. 여성의 언어 표현은 권위에 저항하는 문화이며 여성의 자기 진술은 남성 언어의 횡포로부터 해방을 의미하기 때문이다. 김일엽에 대해 "근대 초기 여성 작가−지식인으로 계몽적 글쓰기와 문학적 글쓰기의 경계를 횡단하는 글쓰기를 실천한 인물이다."[3]라고 평가되기도 했다.

김일엽은 이화학당 시절에 문학동아리 '이문회(以文會)'에 들어가 글을 쓰기 시작했다. 어려서부터 글쓰기를 좋아하고 글재주가 뛰어나 불과 11세에 「동생의 죽음」이라는 시를 남긴 것으로도 유명하다. 그녀는 선도적으로 사회 개조의 전제 조건으로 여성해방을 내걸고, 근대 매체를 통해 다양한 장르의 글쓰기를 시도해나갔다. 문예작품이라면 덮어놓고 탐독을 하던 중에, 수필이니 감상문이니 단편소설이니 서정시니 시조니 하는 형식으로 언론에 기고하게 되었다(「B씨에게−제1신」)고 회고한 바도 있다. 김일엽은 순수 문예지 『폐허』의 동인으로도 활동하였다.

당시 신문, 잡지 등에 글을 쓰는 신여성들이 더러 있기는 했지만 젊은 시절부터 문인을 표방하면서 오롯이 글쓰기에만 몰두한 것은 김일엽이라고 할 수 있다. 그녀 스스로 "일

---

3   김양선, 「한국근대 여성문학의 탄생과 형성」, 『개념과 소통』 26, 한림대학교 한림과학원, 2020, 21쪽.

본 유학생쯤 되면 학생으로서 사회인까지 겸하게 되었고 더구나 일찍이 여자교육이 없었던 때라, 여자로서 붓을 들던 이가 나 혼자였던 만큼 문학소녀 정도밖에 안 되던 내가 일약 여류 문인이란 일컬음을 받게 되었던 것이다.”(「이 책을 내는 까닭」)라고 긍지를 갖고 말한 바도 있다.

이노익과 이혼 후에도 그녀는 문필 활동을 계속하여 1921년에는 『신민공론』 편집 동인으로 참가했고, 동아일보사 기자, 불교사 기자 및 불교지 문화부장을 역임하는 등 직업적 문인으로 활약하였다. 1927년까지 『동아일보』와 『조선일보』에 활발하게 글을 발표하던 김일엽은 불교 기관지 『불교』로 지면을 옮기게 되었다. 창간 후 불교인들의 글만을 게재해 오던 『불교』가 이때부터 문학인들의 글을 게재했던 것도 예사롭지 않다. 그녀의 문학적 성과를 예술성보다 주제성에서 찾는 것도 작품 자체의 평가를 넘어 글쓰기에 의미를 두었기 때문일 것이다. 김일엽은 생애 마지막까지 글을 통한 인생 이야기를 멈추지 않았다.

불교를 처음 접했던 1928년부터 1933년 출가하기 전까지 김일엽이 35편의 시를 발표했는데 17편 정도에서 종교적 갈구가 자성의 실체를 찾는 것으로 나타나고 있다. 출가하던 해에는 산문시 형식을 빌려 중생들을 구제하겠다는 종교적 신념을 표출했으며, 출가 후의 불교시는 현재 20여 편이

남아 있다.[4]

한편 그녀는 왕성하게 소설을 창작 발표했는데, 16편의 소설 모두가 입산하기 전에 쓰여진 것들이다. 특히 「자각」(1926)을 통해 근대문학 초기의 서간체와 고백체의 양식을 가져와서 구여성의 처지와 변모 양상, 일본 유학생들의 자유연애 풍조 등을 담대하게 폭로한 바 있다. 출가 전의 산문으로서 「사회상의 가지가지」(1933)를 주목할 필요가 있는데, 이는 현실과 밀착된 작품을 창작하겠다는 그녀의 의지를 잘 읽을 수 있는 글이기 때문이다.

김일엽은 출가한 뒤 세속에서 대작가가 되는 것을 목표로 삼았던 어리석음을 비웃은 일도 있다. 그러나 어떻게 하면 포교를 잘해 만족을 얻을 수 있을까 고민하면서 살아온 그녀는 대문호가 되어 많은 작품을 불법화시켜 길이 전해볼 것을 다짐하였다. 아니, 깊고 오묘한 이 불법을 어찌하면 널리 알려 볼까 하는 생각이 복받쳐 참을 수가 없었던 것이다.[5]

일찍이 만공 선사는 오랫동안 쌓아온 업을 녹이기 어려움을 언급하며 김일엽에게 "글 쓸 생각, 글 볼 생각을 아주 단

---

4    송정란, 「김일엽의 출가 과정과 불교시 변모 양상」, 『한국사상과 문화』 80, 한국사상문화학회, 2015, 32~33쪽.
5    김일엽, 「울지 않는 인간」, 『청춘을 불사르고』, 김영사, 2002, 259쪽.

넘할 수 있겠는가? 그릇에 무엇이나 다른 것이 담겼으면 담을 것을 담지 못하지 않는가?"[6]라고 물었다. 망상의 근원이라며 불립문자를 내세우는 만공의 권유로 절필했던 김일엽이 1960년대 들어『어느 수도인의 회상』,『청춘을 불사르고』,『행복과 불행의 갈피에서』등의 산문집을 연달아 출간하면서 세상에 복귀하는 듯한 인상을 주었던 것도 그녀의 타고난 글쓰기 열정 때문이었다.

만공의 제자가 되기 위해 18년간 글을 멀리하며 직접 자기 마음을 응시해서 단번에 마음의 근원을 파악한다는 '직지인심(直指人心)'으로 성불할 것을 서원하고 불철주야 불심을 입증했으나 김일엽은 실제로 글 쓸 생각을 버리지도 않았으며 불교에 입문한 순간부터 글을 쓸 수 있는 때를 기다렸을지도 모른다. 스스로 "부처님께 귀의하여 몸소 알아 보라는 외침이 곧 이 글이다."(「이 책을 내는 까닭」)라고 회고록의 집필 배경을 설명했듯이, 그녀는 불교와 글쓰기가 상호작용하는 것으로 믿고 있었고 수행자들이 글을 통해 깨닫고 다시 자신의 글을 남기는 사실을 경험으로 잘 알고 있었다. 물론 이 시기의 글은 근대 초기의 페미니스트로서의 글과는

6    김일엽, 「만공 대화상을 추모하며」, 『청춘을 불사르고』, 김영사, 2002, 293쪽.

상당히 다른 정토 세계와 관련된 것이었다. 부처의 성품을 수행으로 체득한 내용을 대중에게 전하기 위한 방편으로 글쓰기 기량을 마음껏 발휘하며 책을 내기에 이른 것이다. 실제로 『청춘을 불사르고』를 읽고 출가한 사람이 많았다고 하는 것을 보면 대중 포교를 위해 글을 쓰고자 했던 그녀의 의도가 성공을 거둔 셈이다.

그동안 김일엽 작품의 예술적 완성도의 미흡, 자극적 개인사의 부각, 출가 후 작가로서의 활동의 부진 등을 이유로 평가가 부당하게 인색한 편이었음을 인정하지 않을 수 없다. 김일엽이 1907년에 쓴 「동생의 죽음」이라는 시는 최남선의 「해에게서 소년에게」(1908)보다 1년 앞서 나온 자유시로서 한국 문학사에서 차지하는 비중은 매우 크다. 특히 1세대 여성 시인으로서 현대시조 창작자로서의 가치와 의미를 부여받고 있다.[7] 아울러 그녀의 작품으로 분류되는 「봄」을 비롯한 시 72편, 「계시」를 비롯한 소설 18편, 「어머니의 무덤」을 비롯한 일제강점기의 수필들과 60년대 이후 『청춘을 불사르고』를 비롯한 고백록 계열의 수필, 평론 61편, 희곡 1편 등은 여성 작가로서의 위상을 말해준다.

---

7    김주리, 「김일엽 문학 연구의 현재와 과제」, 『제1회 김일엽 학술대회』, 김일엽문화재단, 2015. 6, 133쪽.

어쩌면 김일엽에게 작가와 승려라는 엄격한 구분은 별다른 의미가 없는지도 모른다. 식민지 조선의 여성 지식인으로서 누구보다도 종교와 글쓰기(문학)라는 공적 영역에서 자기 삶을 개척해갔다. 그녀에게 글쓰기는 그녀의 생각(사상)을 실천하는 수단이자 삶 그 자체였다. 그동안 김일엽의 문학에 대한 연구가 출가 이전의 작품에 치우쳤던 데서 벗어나 최근에 불교문학에 대해 본격적인 연구가 이루어지고 있음은 다행이라 할 수 있다. 김일엽은 자기 내부에서 불타오르는 투쟁적 프락시스의 여력을, 가시나무 새와 같이 찔려 죽는 한이 있더라도 멈출 수 없었던 그녀만의 글쓰기를 통하여 필경에는 높은 정신적 경지에까지 이끌어 올리고자 했다[8]고 평가될 만큼 자신의 타고난 글쓰기의 열정으로써 최초의 여성 저널리스트의 꿈에 다가갈 수 있었다.

## 『신여자』의 창간

김일엽의 사회활동은 3·1운동 때 자기 집 지하실에서 독립운동 전단을 등사하여 배포한 것이나 6·25 때 인민군들

---

8  노미림, 「김일엽의 여성성 고찰」, 『여성연구』 67, 한국여성정책연구원, 2004, 311쪽.

이 수덕사 견성암에 몰려와 총부리를 들이댔을 때 당당히 맞서 싸웠던 일을 비롯하여 무엇보다 1920년에 우리나라 최초의 여성잡지인 『신여자』를 발간한 것을 들 수 있다. 유진월은 2002년에 『신여자』 전반을 개괄하였으며,[9] 2006년에 후속적으로 『신여자』에 대해 자세히 분석하고 잡지의 원문과 번역문을 실어놓은 바 있다. 이 책에서는 그 저술[10]을 기반으로 여성의 글쓰기의 관점에서 잡지 『신여자』를 살펴보고자 한다.

1920년 봄 일본 유학에서 돌아온 김일엽은 남편과 이화학당 빌링스의 재정적 후원으로 그해 4월에 『신여자』를 창간하고 주필을 맡음으로써 최초의 여성 저널리스트가 되었다. 여성들이 편집과 집필을 주도함으로써 비로소 여성 스스로 자유로운 언어 표현의 장을 열게 된 것이다. 같은 해에 주요 일간지 『조선일보』, 『동아일보』가 창간되고, 주요 잡지 『개벽』, 『폐허』가 출간된 사실을 감안한다면 여성지 『신여자』의 발행이야말로 역사적 쾌거가 아닐 수 없다. 물론 『신여자』의 편집 및 발행인은 '삘닝쓰 부인'으로 되어 있는데 그녀는 자금을 지원한 이화학당 빌링스 선교사의 부인을 가리

9    유진월, 「김일엽의 〈신여자〉 출간과 그 의의」, 『비교문화연구』 5, 경희대학교 비교문화연구소, 2002.
10   유진월, 『김일엽의 〈신여자〉 연구』, 푸른사상사, 2006.

킨다.

『신여자』가 직접적으로 일본 최초의 여성 문예지인 『세이토(靑鞜)』의 영향을 받았다는 내용이 없고, 구미 여성 활동가들의 내용을 소개하고 있는 점에서 서구의 모델을 더 수용하고 있다[11]고 말하기도 하지만 창간 배경을 비롯하여 집필진의 구성 등 다양한 관점에서 『세이토』의 영향을 배제할 수 없다. 이성천에 의하면 당시 신여성들은 일본에 체류하는 동안 새로운 근대적 지식과 서구적 사고방식을 배워 자기 삶과 문학에 적용했는데, 김일엽도 일본 유학 중에 인기를 끌었던 『세이토』라는 여성 문예잡지를 탐독하고 심취하여 『신여자』에 이를 담았다[12]고 한다.

김일엽은 사회적 엘리트로서의 사명감을 갖고 아포리즘적인 글로써 조선의 여자들을 깨우치고자 하였다. 『신여자』 창간사에서 그녀는 "개조! 이것은 5년간 참혹한 포탄 중에서 신음하던 인류의 부르짖음이요, 해방! 이것은 수천 년 암암한 방중에 갇혀 있던 우리 여자의 부르짖음입니다."라는 혁명적인 발언을 하였다. 그리고 "남보다 나은 사회를 만들

---

11  박용옥, 「1920년대 신여성 연구」, 『여성연구논총』 2, 성신여자대학교 한국여성연구소, 2001, 14쪽.

12  이성천, 「김일엽 문학에 나타난 '신여성' 담론 고찰」, 『한민족문화연구』 39, 한민족문화학회, 2012, 291쪽.

기 위하여 일하는 데 조금이라도 공헌하는 바가 있을까 하여 나온 것이 우리 신여자입니다."라고 『신여자』 창간의 의의를 밝혔다. 사회에 기여하기 위해 여성해방이 필요하다고 생각한 김일엽은 『신여자』에서 새로운 시대를 맞이하기 위한 여성들의 자각과 적극적인 행동의 필요성을 강력하게 주장하고 있다.

『신여자』는 전부 4권에 총 분량 약 260쪽 정도에 그친 단명한 잡지이지만 『신여자』를 통한 김일엽의 남다른 진취적인 의식은 당시 사회에 커다란 파문을 일으켰다. '신여성'이라는 말이 유행한 것도 그 잡지를 통해서였다고 할 만큼 한국에서 신여성에 대한 본격적인 담론은 『신여자』 발간부터 시작되었다고 할 수 있다. 여성주의적인 관점에서 여성의 의식 개혁을 부르짖는 것으로 평가되는 『신여자』는 겉으로 표방한 급진적 여성주의와는 달리 여성의 사회적 책임을 강조하고 점진적인 해방을 주장하는 온건한 양상을 보인 편이다. 그 원인을 김일엽이 남편의 경제적 원조 아래서 잡지를 운영한 것에서 찾기도 하며, 『신여자』의 온건한 입장은 신여성이 주축을 이루는 잡지는 급진적인 논설이 주를 이룰 것이라는 선입견을 무색하게 만드는 것이라고도 했다.[13]

13  유진월, 앞의 책, 42~45쪽.

편집고문인 양우촌과 편집을 도와준 방정환을 제외하고는 모두 여성들이 편집과 사무를 보고 여성들만의 글을 실음으로써 성 정체성에 관한 문제의식을 잘 보여주었다. "여자의 손으로만 하여가자는 작정"이므로 남성들이 보내준 글을 싣지 못한다고 밝힘으로써 『신여자』가 여성의 힘으로 만드는 잡지임을 김일엽은 강조하였다. 그녀가 여성적 글쓰기에 대한 확고한 의식을 가졌음은 아래의 인용문에서 쉽게 알 수 있다.

> 제1호에도 말씀드린 바와 같이 신여자라는 잡지는 신여자 편집 동인 몇 사람의 것이 아니요 조선여자 전체의 것이라고 …(중략)… 시부모의 학대, 남자의 전횡, 완고한 구식가정, 여자교육과 여자의 인격 무시, 여자의 진로, 어느 것이 우리가 부르짖으려는 재료가 아니고 어느 일이 우리가 개척하여야 할 도정이 아니겠습니까. 여자의 글은 무엇이나 환영하여 받습니다. 많이 보내주십시오.[14]

이는 여성을 글쓰기의 주체로 세우고자 하는 김일엽의 의도가 잘 드러난 것으로서 '무엇이나 환영'한다는 표현에서 기존의 장르 개념에 얽매이지도 않고 주제와 소재도 가리지

---

14 「투고환영」, 『신여자』 2호, 1920. 4.

않으며 여성의 의사 표현을 중시하겠다는 의미를 담고 있다. 여성의 글쓰기와 여성적 글쓰기가 통합되어 있는 상태를 지향하는 다양한 종류의 글쓰기 방식은 근대 시기의 한 특성일 것이다. 그러나 남성들의 경우는 근대 추종의 미숙한 모방 양식으로서의 다양한 글쓰기가 나왔지만 여성들의 다양한 글쓰기는 그에 내포된 여성적 글쓰기로서의 의도와 특성들을 중요하게 보아야 한다. 비록 당시의 다양한 글쓰기 방식이 남성과 여성의 글에서 공통적으로 발견되는 양상이라 해도 분석의 기준이나 그것을 보는 입장은 달라야 한다는 것이다.

『신여자』의 필자는 김일엽을 비롯하여 나혜석, 김명순 등의 여성 1세대 문인들과 김활란, 박인덕, 정종명, 허영숙 등 당시 활발하게 사회활동을 하던 신여성들이 대부분이었다. 필명으로 인해 실제 필자의 확인이 어려운 점을 감안할 때 방정환의 글이 많다는 등의 이론이 있기는 하지만 무기명으로든 가명으로든 가장 많은 글을 쓴 사람은 김일엽이라 할 수 있다.『신여자』2호의 목차에 나오는 20편의 글 중에서 7편이나 김일엽의 글이고 잡지 속의 자잘한 글들을 포함하면 책의 거의 반 정도가 김일엽의 글인 셈이다.

이것은 김일엽의 잡지에 대한 열정과 글쓰기 능력을 의미하지만 한편으로는 지식인 그룹 밖의 여성 필자를 확보하는 일이 어려웠음을 방증한다. 김일엽이 여성적 글쓰기의 공간을 마련했음에도 불구하고 4호로 끝날 때까지 독자투고에 의해 게재된 글은 거의 없었다. 결국 『신여자』를 여성들의 보편적인 언어 표현의 광장으로 만들고자 했던 김일엽의 열의는 높이 평가할 만하나 큰 성과로까지 나아가지 못하고 막을 내린 아쉬움이 있다.

『신여자』에는 1호부터 4호까지 모두 73편의 글이 실려 있는데 그중 논설이 20편이고, 소설 6편, 시 8편, 평론 1편, 수필류가 19편이며, 기타의 글이 19편이다. 기타의 글에는 축사, 머리말, 편집후기, 전기, 독후감, 만화, 전설 등이 포함된다. 비율로 보면 논설이 27퍼센트, 문학류가 47퍼센트, 기타가 26퍼센트로 분포되어 있어 문학류가 거의 절반을 차지한다. 이러한 편집자의 분류는 글의 특성을 고려하여 이루어졌을 것이다.

『신여자』에 가장 많이 실린 것은 시, 소설, 에세이 등의 문학류이다. 고백적 에세이에 특별히 주목할 필요가 있는 것은 여성의 글쓰기는 대체로 자전적 글쓰기의 성격이 강한 에세이에서 시작한다는 점 때문이다. 그동안 근대의 문학적 성과와 함께 신여성의 개인사적 고백들이 진지하게 성찰되었던 것도 이와 무관하지 않다. 유진월은 근대문학 초기에 여성들의 자전적 에세이류의 글이 많은 분량을 차지하는 것은 탈식민주의 페미니즘의 측면에서도 매우 중요한 의미를 갖는다[15]고 하였다. 「나는 가오」와 같이 소설이면서도 편지 형식을 빌려 씀으로써 여성 독자들에게 보다 가까이 다가가려고 하는 작품도 있었다.

근대에 계몽이라는 거대 담론을 이끈 주체는 저널리스트였다. 저널리스트란 본래 신문기자와 같은 언론인을 지칭하는 것이지만 당대 조선의 저널리스트는 작가가 상당수를 차지했고 문학작품도 저널리즘의 성격이 강했다. 특히 근대의 지식과 정보의 생산과 전달이 뚜렷하게 드러나는 글은 논설류인데, 순수한 이론이나 학설을 뜻하는 '논(論)'과 이를 풀어서 설명한 '설(說)'이라는 전통적인 방법이 근대적 신문의 등장과 함께 '논설'이라는 형식으로 등장해 계몽을 위한 강력한 수단으로 이용되었다.[16] 김일엽은 「우리 신여자의 요구와 주장」(2호), 「먼저 현상을 타파하라」(4호) 등 혁신적인 사고를 담은 논설을 발표하여 사회적으로 큰 파장을 불러일으켰다. 김활란의 「남녀동등문제」(2호)처럼 독자들에게 흥미를 주고 이해를 도모하기 위해서 대담의 형식을 취하는 논설도 있다.

---

15  유진월, 앞의 책, 41쪽.
16  정선태, 『심연을 탐사하는 고래의 눈』, 소명출판사, 2003, 24쪽.

근대적 문학 관습은 일기, 편지 등의 서사를 하위문학으로 서열화하였으나 이러한 양식들이야말로 소외된 존재의 자기표현이나 비주류적 경험의 재현 가능성을 내포한 매체들이라[17]는 점에서 중요하다. 『신여자』는 시나 소설 같은 정통 문학 장르 외에도 일기, 편지, 수기 등 기존의 틀에 얽매이지 않은 자유로운 글쓰기 방식을 수용하였다. 가장 독특한 분야는 체험적 사실을 문법이나 문학적 수사에서 벗어나 자연스럽게 써내려가는 수기였다. 이는 문학적 체험이 많지 않거나 문학에 관한 지식적 수준이 높지 않은 사람들의 솔직한 표현방식이라는 점에서 의의가 크다.

『신여자』는 제4호 「편집실에서」란에 "예고와 같이 내호에는 조금 생각함이 있어 특별호를 내기로 하였습니다. 기다려주십시오."라고 다음 호 편집 계획을 예고했지만 이후 발간은 이루어지지 못했다. 제4호가 '풍속괴란(풍속문란)'이라는 혐의로 발매 반포의 처분을 받은 점[18]이 직접적으로 영향을 미쳤다고 보는 등 잡지 폐간의 원인에 대한 다양한 분석이 있지만, 잡지의 재정적 지원을 담당하던 남편과의 이혼에 이르는 불화로 종간되었다는 견해가 더 타당한 것으로

---

17 박혜숙, 「여성 자기서사체의 인식」, 『여성문학연구』 8, 한국여성문학학회, 2002, 8~9쪽.
18 『동아일보』, 1920. 7. 22.

보인다.

　지금까지의 분석을 통해서 『신여자』는 여성들이 만든 최초의 여성잡지라는 역사적 의의를 가질 뿐만 아니라 여성운동의 주요 과제라 할 수 있는 여성적 글쓰기를 공적 담론의 장으로 끌어내고자 했던 의미를 지닌 진정한 여성지라는 평가를 내릴 수 있다.

# *3*
# 신여성의 사명을 주장하다

---

## 신여성의 갈등

인류는 세계대전을 경험하면서 노동 문제, 인종 문제와 함께 여성 해방의 문제를 3대 세계 보편적인 문제로 인식하였다. 20세기가 시작되던 당시 여성의 근대화에 관한 논의도 이러한 세계사적 흐름 속에서 파악되었다고 할 수 있다. 더구나 식민지 체제는 여성들의 삶을 피폐하게 만들었다. 남성 중심의 사회에서는 여성을 가치 있는 존재로 인식하지 않을 뿐만 아니라 여성의 가능성조차 인정하지 않고 오히려 질투하는 마음으로 눈을 감아버리는 폭력을 행사하기 일쑤였다.

이와 같은 암흑의 시기에 신여성이라는 근대적 존재가 처

음 등장하는데, 이 신여성을 대표하는 인물이 바로 김일엽
이다. 참신한 생각과 선구적인 의식을 지닌 그녀는 신여성
들과 함께 당대의 여성해방론에 공감하는 형태로 사회적 활
동을 펼쳐나갔다. 무엇보다 김일엽은 일본의 여성해방운동
에 고무되면서 나혜석, 박인덕, 김활란, 신줄리아 등의 여성
들과 함께 '청탑회(靑鞜會)'라는 여성 모임을 결성하고 1주
일에 한 번씩 만나 새로운 사상과 문학에 대한 토론을 벌였
다(『진리를 모릅니다–나의 회상기』).

　그녀가 주장한 초기 '여성해방'은 이러한 일본 신여성운
동의 자극과 함께 자신의 불행한 신변에 대한 불만에서 비
롯되었다고 할 수 있다. 즉 그녀의 여성해방론은 사회 전반
에 대한 관심보다는 인간의 근원적 문제로 수렴되는 특징을
지닌 것으로 보인다. 이처럼 인간 중심적 여성해방의 성격
에 따라 그녀가 개인의 자유로운 섹슈얼리티를 선택하고 치
열한 행로를 걷는 것은 자연스러운 일이었다.

　그러나 여성해방을 대세로 인식하는 데는 시간이 필요하
였다. 여성해방에 직면하여 새롭게 등장한 신여성으로서 사
회로부터 인정받고 편안하게 살아가기란 매우 힘들었다. 그
러므로 근대 초기 신여성들의 갈등은 이만저만이 아니었다.
김일엽은 새로운 시대를 맞은 신여성으로서 모든 인습적이
고 불합리한 상태에서 벗어나야 한다고 주장했으나 여성의

식을 체화하고 이념과 현실을 조화시키는 데는 시간의 경과와 시행착오가 뒤따랐다. 그녀는『신여자』를 통해서 이러한 고민을 세상에 알리고 문제의식을 공유하고 싶어 했다.

사회주의 운동가인 정종명의「간호부 생활」에서는 간호부들이 고학력이면서도 오히려 외롭고 힘든 생활을 해나갔음을 알 수 있는데 이는 여성교육이 긍정적인 결과로 연결되지 못하는 현실을 보여준다. 간호부는 전문적인 직업이라는 점과 양옥, 침대, 목욕실, 식당 등의 서구적이고 위생적인 환경에서 풍금을 치고 테니스를 하는 세련된 생활을 한다는 점에서 자부심을 가지면서도 야간 근무에 시달리거나 환자들에게 당하는 고된 직업이라는 부정적인 측면도 말하고 있다. 신여성이 처한 새로운 직업에 대한 기대와 우려의 갈등을 진솔하게 드러내고 있는 것이다.

백합화의「독신 처녀의 생활」에서 25세의 주인공 나는 '순결, 신성'이라는 가치를 숭상하고 '독서, 음악'을 즐기며 사치스런 의복을 입고 싶지도 않고 남자가 귀찮고 우스울 뿐 아니라 결혼생활도 좋지 않게 생각한다. 외모에 신경을 쓰거나 남자에 관심을 갖는 것은 대범하지 못하며, 독서나 음악은 여성에게 어울리는 고상한 일이며, 연애나 결혼 같은 개인적인 일보다는 사회를 위해 사는 것이 더 보람 있는 일이라는 등 지식 여성이 갖기 쉬운 억압 심리와 강박증들을 잘 보여준다.

주은월의 「행복스런 가정」도 새롭게 변화된 가정생활을 밝은 필치로 보여주긴 하지만 신여성들의 고된 삶을 짐작하게 된다. 동네 사람들이 세금을 관청에 가서 직접 내고 급한 편지는 남편 대신 쓰고 위생적인 생활을 하는 젊은 가정부인을 부러워하며 여자교육의 중요성을 깨닫게 된 것은 나중의 일이다. 처음에는 교사인 남편과 여학교 출신의 아내를 향해 "저희끼리 눈이 맞아서 같이 산다더군" 하며 비난을 쏟아냈다. 인정과 찬사를 받기까지 근대사회의 신여성들은 힘든 생활을 이겨내야 했다. 한편 정겨운 근대적 가족상을 보여주는 이 글은 신여성으로 하여금 사회가 이상적인 여성상으로 현모양처를 원하고 이에 따라 바람직한 여성교육의 목표가 현모양처의 양성이었던 것처럼 착각하게 하는 면도 있다.

사실 신여성을 대표하는 김일엽도 참신한 의식으로 당대의 여성해방론의 추세에 부합하는 활동으로 문화계에 진입했지만 여성해방론의 논리는 정연하지 못했다. 기독교 집안에서 성장한 김일엽은 여성해방이라는 과제에 직면하여 신개인주의적 예술지상주의를 주창한 임장화의 노선을 따랐으나 인간 구원이라는 명제를 해결하기에는 부족함을 느끼며 불교라는 심오한 행로를 선택할 수밖에 없었다. 그리고

『신여자』를 모든 여성의 보편적 담론형성의 공간으로 확장시키지 못하고, 자신의 치열한 삶이 인정받지 못하는 등 의도했던 인간해방에 도달하기에는 역부족이었다.

## 신여성의 책무

가부장제 아래서 열악한 삶을 살았던 여성들의 근대적 해방 의식은 자유주의적 사상에 기초한 남녀평등 관계의 수립을 주장하는 신여성론으로 발전되었다. 여성 지식인을 대표하던 김활란은 남녀평등이란 하늘이 부여한 권리인데 남성들이 그것을 시인하느니 부인하느니 하는 자체가 부당하다며 "여자가 직무를 다하지 못하여 자유권을 잃었으면 스스로 잃은 것이요 또 스스로 찾을 수가 있는 것이예요 남자도 그러하지요 누가 주고 말고 할 것인가요?"[1]라고 말한 바 있다.

김일엽은 「먼저 현상을 타파하라」, 「여자 교육의 필요」, 「우리 여자의 요구와 주장」 등의 글을 발표하여 남성 중심의 관습으로 가정은 불완전하고 사회가 야만스럽고 국가는 빈약해졌다고 매섭게 비판하였다. 특히 "우리 여자를 사람

1    김활란, 「남녀동등문제」, 『신여자』 2호, 1920, 245쪽.

으로 대우치 아니하고 마치 하등동물과 같이 여자를 몰아다가 남자의 유린에 맡기지 아니하였습니까?"[2]라고 오랫동안 지속되어 오면서 조선 여성의 인권을 짓밟은 참혹한 실상을 개탄하며 그녀는 신시대를 맞아 신여성으로서 의무를 다해야 한다고 주장하였다.

그녀는 『신여자』를 창간하며 "산산히 쏟아지는 찬 눈 속에서 / 그래도 련이라고 피었습니다. —공연히 어둠 속에 우는 닭 소리 / 그래도 아십시오 새벽 오는 줄"[3]이라고 시를 지었고, 역시 『신여자』에 "알—거든 나서라 막힘 헤치고 / 모든 준비 가지고 따라나서라 / 아름다운 새벽을 나서 맞어라 / 새 때 새날 새일이 함께 오도다"[4]라는 시를 게재하였다. 눈 속에서 꽃이 피고 어둠 속에서 닭이 울듯 신여성이 선구적인 역할을 해야 한다고 생각했으며, 이미 새벽이 오고 있음에 빗대어 여성해방의 도래를 상정하여 신여성의 자각과 행동이 급선무임을 주장하였다.

그리고 김일엽은 "우리가 이때에 나서서 유치한 우리 여자 사회를 위하여 우리의 몸을 희생에 이바지 아니 하면 우리 조선 여자는 영원히 암흑한 구렁에 빠져서 광명한 빛을

2  김일엽, 「우리 신여자의 요구와 주장」, 『신여자』 2호, 1920.
3  김일엽, 「서시」, 『신여자』 창간호, 1920.
4  김일엽, 「알거든 나서라」, 위의 책.

못 보고 말 것을 앎이외다."(「우리 신여자의 요구와 주장」)라고 여성해방을 주장하는 이유에 대해 말했다. 그녀는 당시 조선사회의 문제점을 냉철하게 간파하고 바야흐로 개조의 시대로 바뀌고 있는 때를 맞아 신여성의 사명이 절실하다고 보았다.

김일엽은 남성 지배 구조가 여성의 인간으로서의 본모습을 잃게 만들었다고 지적하며 이의 원인으로 남성의 부덕과 여자의 무지를 들었다. 앞으로 모든 인습을 타파하고 남녀가 평등하게 자유와 권리를 누려야 함을 물론, 여성의 정신적 자유와 함께 물질적 자유의 중요성을 강조했다. 무엇보다 "우리는 신시대의 신여자로 모든 전설적, 인습적, 보수적, 반동적인 일체의 구사상에서 벗어나지 아니하면 아니되겠습니다. 이것이 실로 신여자의 임무요 사명"(「우리 신여자의 요구와 주장」)임을 밝혔다.

김일엽은 1920년 6월 『신여자』 4호(1921년 1월 『폐허』 2호 재수록)에 발표한 여성평론의 효시라는 「먼저 현상을 타파하라」에서는 남성과 동등한 인격자로 대우받기를 원한다면 먼저 자신의 과거와 단절하고 새 여자로 개조되어야 한다고 주장한다. 이어서 "만일 시속과 타협을 하고 인습의 압박에 좌절되면 우리 여자의 전도는 암흑하여 나아갈 수 없습니다."고 하였다. 때마침 일본에서 창간된 『가이조(改造)』라는 잡지가 내세우는 바와 같은 계몽성이 강한 평론을 발표하여 사회의 모든 것을 개조할 필요성을 강력하게 주장하였다.

새로운 문명을 향해 나아가려는 활기찬 의욕이 있었기에 김일엽은 당당한 어조로 의사를 개진할 수 있었다. 특히 신여성의 책임과 관련하여 각성을 촉구하면서 "일부 신교육을 받은 여자 중 과대하게 자존이 높아 남자에게 비웃음을 받으니 이후의 무리는 더욱 주의하여 온양 창검으로 우리의 표방을 삼을 일이라."[5]고 경고한 사실을 간과할 수 없다. 신여성에 대한 부정적인 평가는 그녀들의 처신과 주장에 큰 부담이 아닐 수 없었음을 감안할 때 여성에게도 반성을 촉구하는 그녀의 공정한 시각이 돋보인다.

김일엽은 여성의 처지를 피폐하게 만드는 구시대의 혼인제도 및 가족제도 등의 부당성에 대해 불만을 제기하였다. 그리고 이런 문제적 상황에 여성 스스로가 적극 대응할 것을 촉구하였다. 여성의 해방과 자유를 위해 가장 먼저 요구되는 대안이 여성 자신의 각성이었던 것이다. 그녀는 가부장제의 억압에서 벗어나기 위해서는 운명에 순응하지 말고 스스로 자신의 삶을 개척하라고 주문하였다. 『신여자』 시절

---

5    김일엽, 「신여자의 사회에 대한 책임을 논함」, 『신여자』 창간호, 1920.

의 김일엽의 문학적 활동의 백미는 평론에서 찾을 수 있으며 그녀에게 있어 여성적 자각의 주제적 측면은 평론에서 더욱 직접적으로 표출되었다. 『신여자』 2호의 「우리 신여자의 요구와 주장」을 비롯하여 언론매체에 실린 시사적 평론은 여성의 자각을 위한 계몽이 주조를 이루고 있다.

여성해방을 위해 무엇보다 필요한 것이 여성의 자각이다. 신여성들은 가부장제의 부당함을 고발하며 여성의 주체성을 강조하였다. 불합리한 현실에 맞서기 위한 신여성의 각성이 잘 표현된 글이 바로 김일엽의 「자각」이다. 소설 속 주인공 순실은 부모의 명령으로 눈감고 시집을 가서 몰랐지만, 남성답지도 못하고 줏대 없으며 여자를 인격적으로 대하지 않는 남편에 대해 깨닫게 되었다. 그 뒤 남편은 끈질기게 사과하며 돌아올 것을 요구하지만 순실은 "나를 끈에 맨 돌멩인 줄 아느냐. 오라면 오고 가라면 가게 …(중략)… 10년을 박대하다가도 손길 한 번만 붙잡으면 헤헤 웃어버리는 속없는 여자로 아느냐."며 거절한다. 자신의 삶을 자각한 순실이 무능하고 비겁한 남편을 통쾌하게 내치고 있다. 그리고 그녀는 허수아비 같은 생활에서 벗어나 한 인간으로서 존중받으며 완전한 사람이 되어 인격적으로 뜻있는 생활을 하겠다고 다짐한다.

신여성의 사명이 절실히 요청되는 근대 시기 김일엽은 여자가 인격적으로 완숙한 경지, 즉 완인에 이르도록 자기 발전을 수행할 수 있어야 한다고 생각했다. 그리하여 우리 사회와 가정의 구조적인 변화를 주장하면서 이를 위한 여성 자신의 각성과 실천을 강조하였다. 김일엽은 「청상의 생활」을 통해 50대의 노년으로 접어든 여성 주인공으로 하여금 40여 년의 희생으로 일관된 청상의 삶을 돌아보며 뼈아픈 성찰을 하게 한 바 있다.

> "나는 어찌하여 일생을 내 자신의 즐거움도 맛보지 못하고 또한 사회와 국가에 대하여 아무 하염이 없이 그저 배고프면 밥 먹고 졸리면 자는 하등 동물적 생활을 하다가 이렇게 늙어 쓸데없는 물건이 되어 버렸으리이까?"[6]

구여성들의 삶은 구속과 소외로 점철되었다. 구태의 관습과 낡은 도덕에 희생되어온 여성의 처절함이 부각되지 않을 수 없다. 사람다운 대우도 받지 못하고 사람의 의무도 못했을 뿐만 아니라 사회에서는 자신의 존재를 몰랐고 자신도 사회에 대한 책임이 무엇인지 모르고 지내왔다. 결말 단계에서 비로소 자각하게 된 화자는 밀려오는 세계 사조의 영향으로 신여성들이 용맹스럽게 뛰쳐나와 인간으로서 국가

---

6    김일엽, 「청상의 생활」, 『신여자』 4호, 1920.

와 사회에 대해 역할을 다하자고 외치는 데 응원을 보낸다.

김일엽은 가부장적 제도에 맞서기 위한 주체적 자각을 통해 여성의 사회의식이 여실히 발현되기를 간절히 바랐다. 그녀는 오늘날의 남성은 강자도 지자(知者)도 아님을 경고하며 오늘날의 여성은 약자도 무지자도 아님을 자각하라고 맹렬히 외쳤다. 그녀가 『신여자』를 창간한 것도 바로 여성의 인권이 성장되어야 함은 물론 여성이 공공의 책임을 자각하길 촉구하기 위해서였다.

「여자의 자각」이라는 글을 보면 2천만 조선 인구의 반이나 차지하면서도 여성 모두가 남자의 노예처럼 살아가고 있는 폐쇄적 사회의 참담한 사정을 직시하고 여성의 사회적 자각은 여성의 권리를 신장하는 데 머물지 않고 조선 사회의 문화를 바꿀 수 있다고 했다. 그리고 조선의 여자가 불쌍한 원인이 여성의 무책임, 무교육, 무직업에 있음을 경고하며 "우리가 이때에 충분히 자각을 안 하면 우리 여자 사회의 전도는 영원히 멸망하고 말지니, 요는 자각하여 교육과 직업과 책임으로 우리의 길을 우리가 개척해야 한다."[7]고 주장한 바 있다. 조선 사회를 변화시킬 신여성의 사명이 어디에 있는지 구체적으로 밝히고 있는 대목이라는 점에서 주목할

---

7    무기명, 「여자의 자각」, 『신여자』 3호, 1920, 287쪽.

만하다.

신여성 스스로의 각성이 중요하지만 성숙하지 못한 남성의 의식과 사회적 분위기를 바로잡기 위한 계몽이 필요하다는 점도 큰 과제가 아닐 수 없었다. 교육자인 김활란은 "여자교육이 이제 겨우 30년의 불충분한 역사를 가진 것은 잊어버리고 여자들은 암만 공부를 시켜도 남자같이 이것도 못하고 저것도 못하니 아무래도 동등이 될 수 없다고 하여─그것이 어디 협력하여 나아가자는 주의입니까?"[8]라고 여성교육의 부당함이나 무용론을 외치는 남성들에게 협조를 요청한 바 있기도 하다. 중등교육을 받은 여성들이 증가하고 참정권 요구와 경제적 독립을 이룰 수 있었던 서구와 일본의 사회적 현상과는 달리 조선의 여성해방은 신교육을 받은 여성 지식인들이 사회적 계몽에 앞장서야 하는 입장이었다.

김일엽은 오늘날 세계 열강과 달리 왜 우리의 국가, 사회, 가정만 이렇게 빈약하고 쇠잔한지 모르겠다고 분개했다. 우리 사회가 문명화되고, 가정의 문화 수준이 나아지며, 남자들의 사업열이 비등할수록 교육받은 여자를 요구하는 소리가 점점 높아질 것이라 말한 뒤 "우리도 남과 같은 쾌활하고 건전한 사회를 이루려면, 우리도 남과 같이 화평하고 안락

---

8  김활란, 「남녀동등문제」, 『신여자』 2호, 1920, 246쪽.

한 가정을 이루려면 무엇보다도 먼저 여자교육의 필요를 제창하옵니다."[9]라고 외쳤다.

김일엽은 새로운 시대를 맞아 사회를 개조해야 한다고 하면서 "사회를 개조하려면 먼저 사회의 원소인 가정을 개조하여야 하고 가정을 개조하려면 가정의 주인 될 여자를 해방하여야 할 것은 물론입니다."[10]라고 밝힌 바 있다. 그리고 여성해방을 이루기 위해서는 여성의 역할을 새롭게 인식하지 않으면 안 된다고 보고, 이를 위해 가장 선결되어야 할 과제를 교육의 보급에 두었다.

김일엽은 『신여자』가 폐간된 이후에는 본격적으로 여성운동과 문필 활동에 뛰어들었는데, 1920년 10월에는 '여자교육과 사회문제'를 주제로 기독교청년회관에서 강연을 하기도 했다.

김일엽이 여성의 사명과 관련하여 특별히 역설한 것은 여성의 교육이었다. 신교육을 통해서 여성도 자신의 길을 개척할 수 있으며, 그래야만 인간으로서 자기의 몫을 해낼 수 있다고 보았다. 가부장제 사회에서 교육받지 못한 여성이 교육받은 남성들에게 희생되고 고통받는 참상을 김일엽은

9    김일엽, 「여자교육의 필요」, 『동아일보』, 1920. 4. 6.
10   김일엽, 「창간사」, 『신여자』 창간호, 1920.

정확하게 바라본 것이다. 그녀는「어머니의 무덤」등의 산문을 통해 교육의 필요성은 강력히 호소했으며, 소설「어느 소녀의 사(死)」(1920),「청상의 생활」(1920),「자각」(1926) 등을 통해서도 여성교육의 중요성을 효과적으로 드러냈다.「어느 소녀의 사」에서는 부모의 강압을 이기지 못해 자살을 앞둔 상황에서 교육받은 딸은 신문사에 자신의 문제를 고발한다.「청상의 생활」,「자각」에서는 구여성이 근대교육의 힘으로 주체성을 획득하는 양상을 극적으로 보여준다.

섹슈얼리티를 여성해방의 주요 관건으로 설정하고 가부장적 권력구조와 그 이데올로기의 해체를 주장했다는 점에서 김일엽을 급진주의 페미니스트라 할 수 있지만, 위에 열거한 소설들에서 보여준 바와 같이 개인의 자각과 교육을 역설한 점에서 김일엽을 자유주의 페미니스트라고 여기는 시각에도 주목할 필요가 있다. 그녀는 나날이 나이를 먹는 가운데 "지금도 밤낮 돋보기안경을 쓰고 책상 앞에 앉아서 내 양자에게 무엇을 배우고 있는 중입니다."(「청상의 생활」)라면서 솔선하여 자각을 얻기 위한 공부를 계속해 나갔다.

특히 신여성 1세대라는 김명순이나 나혜석의 소설에서 신여성과 구여성의 캐릭터가 대립적인 구도로 설정되어 있는 것과도 확연히 차이를 보였다. 즉 신여성의 주체적인 모습에 비해 구여성은 수동적인 모습으로 그려지고 있는 반면에 김일엽의 소설에서는 처음에는 자각이 없는 구여성이었지만 나중에는 교육을 통해 신여성과 동일한 수준의 주체성을 획득하는 입체적인 인물로 설정된 차별성이 있다. 교육을 통한 자각의 가치를 드높이는 김일엽의 이런 면모와 관련하여 "신여성에 대해서 적대적인 근대의 신남성을 포함한 남성집단보다는 자각해가는 구여성이야말로 신여성을 응원할 수 있는 집단이 될 수 있다고 파악했던 것"[11]이라는 지적도 있었다.

현상을 타파하고 사회를 개조하기 위한 여성해방론의 전개는 지식인 여성으로서의 여성계몽에 대한 사회적 책임감을 보여준다. 교육의 혜택을 입은 신여성들은 자신의 사회적 위상을 인식하였고 여성사회에서의 선도적 역할을 자각하고 있었다. 교육이 인간을 가장 크게 변화시킬 수 있다는 강한 믿음을 지녔던 김일엽은 여성해방은 물론 사회혁신을 도모하기 위한 여성교육의 보급을 강조하였다.

---

11  송명희, 「김일엽 소설에 나타난 섹슈얼리티와 정절 이데올로기 비판」, 『문예운동』 137호, 문예운동사, 2018. 2, 172쪽.

제2부

# 여성해방의 선구자

〈김일엽 선생의 가정생활 2〉(나혜석, 1920)

# 4
# 성의 해방에 앞장서다

성 인류학의 대가로 손꼽히는 게일 루빈은 "젠더처럼 섹슈얼리티는 정치적이다. 섹슈얼리티는 권력체계를 조직한다."[1]면서 미셸 푸코와 마찬가지로 섹슈얼리티를 권력의 문제로 파악했다. 여성해방을 목표로 설정한 김일엽은 유교적 남성 권력으로부터 여성의 섹슈얼리티를 해방시키기 위해 주체적인 자유연애와 성적 자기 결정권을 지켜내고자 했다. 더구나 담론 차원의 주장뿐만 아니라 삶을 통해 여성의 섹슈얼리티의 해방을 과감하게 실천하고자 하였다. 그녀는 자기가 만난 사랑 앞에서 자신이 찾던 진실한 것이 아니라고

---

1  게일 루빈, 『일탈 : 게일 루빈 선집』, 신외수 외 역, 현실문화, 2015, 93쪽.

느꼈을 때는 단호하게 빠져나오는 의지를 보였다.

김일엽은 전통적 가치관에 따른 성도덕에 맞서 자유로운 사랑과 성에 대한 깊이 있는 인식을 하고 있었다. 입센의 〈인형의 집〉에 등장하는 '노라'를 무대에 올리려는 계획을 이미 1920년에 하고 있었다[2]고 밝힐 만큼 그녀는 일찍부터 연애의 자유, 성의 해방에 눈뜨고 있었다. 남편과 아이를 버리고 가정을 뛰쳐나가는 노라는 여성해방론의 상징적인 인물이듯이 김일엽은 노라를 통해 사회의 당당한 일원으로 살아가기 위해서는 독립적 여성이 되어야 한다는 점을 강조하고 싶었을 것이다.

실제의 경험과 자기의 처지에서 우러나오는 발언은 진정성을 얻을 수 있었고, 김일엽은 "남자가 이미 결혼했다고 하더라도 다른 여자와의 연애가 그르다고 할 수는 없다."[3]고까지 하였다. 그리고 그녀는 "모든 허영을 다 버리고 진실한 성적 대상자를 구하려면 그래도 기혼 남자 외에는 드문 줄 안다."고 하면서 "성적 신도덕을 건설하기 위해 구도덕에 대한 파괴적 사상을 가지게 되는 것이 당연하다."[4]고 했다.

사랑과 성에 대해 고루하고 경직된 입장에 갇혀 있는 현

2 　김일엽, 「발(跋)」, 입센, 『노라』, 양건식 역, 영창서관, 1922. 6.
3 　김일엽, 「근래의 연애 문제」, 『동아일보』, 1921. 2. 24.
4 　김일엽, 「우리의 이상」, 『부녀지광』, 1924. 4.

실에 그녀는 용기 있게 도전하였고, 자신의 시각을 공유하는 보다 자유롭고 효율적인 방식을 모색하면서 문학의 힘을 빌리고자 마음 먹었다. 소설 「혜원」(1921)을 통해서는 "그 못된 남자들의 육욕을 채워주는 연애적 희롱물은 되지 않으리라고 결심하였다."며 남성들의 성적 대상이자 타자화된 섹슈얼리티에 대한 비판을 보여주었다. 그리고 소설 「순애의 죽음」(1926)에서는 성차별적인 사회구조 속에서 성폭력의 모멸감을 견디지 못하고 자살한 순애를 통해 성폭력이 여성에게 얼마나 치욕적인가를 폭로했다.

다만 여성해방을 통한 완전한 인간의 추구라는 대의와 명분에도 불구하고 안타깝게 1920년 『신여자』의 발행 전후로 그녀의 이력은 방만한 남녀관계의 실천과 성적 욕망의 분출 등 사생활의 문란으로 언급되는 불운을 맞게 된다. 유난히 지명도가 높은 김동인의 횡포는 김일엽을 곤경에 빠뜨렸는데, 그가 발표한 「김연실전」[5] 속의 '최명애'는 김일엽을 모델로 만든 인물로서 남성을 밝히고 유혹하는 천박한 여성으로 묘사되고 있다. 김동인은 그녀와 그녀의 글에 대해 "이성이 그리워 죽겠다는 뜻으로 차 있는 글―몸이 풍만하고 육감적인 일엽 여사―성욕에 미칠 듯한 글을 공공히 내놓은 그

5    김동인, 「김연실전」, 『문장』, 1939. 3.

―나에게 무릎을 베어줄 듯―최학송이 하숙으로 놀러 왔다가 '일엽, 살 푸근푸근하지요?' 하며 웃는다."[6]라고 했다.

높이 날아오르려 하면 할수록 발목을 잡아당기는 힘도 거세기 마련이다. 문단의 권위자로서 30년의 삶을 회고하면서 제1세대 여성 작가요 최초의 여성 주간이라는 인물을 기껏 성적 매력이 있느니 육감적이니 운운하면서 여성을 경멸하는 시선을 보이는 교만함과 용렬함은 폭력에 가까운 일이었다. 세상은 신여성들의 남성 편력만을 비난했을 뿐 그녀들을 농락한 남성들의 폭력성에 대해서는 말을 하지 않았다.

이노익과의 결혼과 이혼을 비롯하여, 오타 세이조와의 연애와 출산, 임노월과의 연애와 동거, 국기열과의 동거 등을 통해 김일엽은 성차별적인 사회구조와 남성우월적인 이데올로기 속에서 성적 자기 결정권을 확보하고자 했다. 이후 1933년 입산 출가로 이어지는 주체적인 사색과 행동은 인간의 자율성을 옹호하려는 부단한 노력이었다. 김일엽은 가부장적 사회의 여성에 대한 성의 억압과 통제에 반기를 들며 세속의 만남과 이별을 거듭하였고, 불문에 들어 견성암 입승직을 맡아서는 30년 동안 산문을 나서지 않는 험난한

---

6    김동인, 「문단삼십년사 : 중학동 시절 중」, 『김동인전집』 6, 삼중당, 1976.

인생 역정을 거치면서 인격적 주체, 완전한 인간을 꿈꾸었을 것이다.

지금도 우리는 공존하며 사는 자유롭고 평화로운 세상을 꿈꾸고 있는 중이다. 그런데 시시각각으로 언론에서는 자살은 물론 살인, 학대, 유기 등 생명을 경시하는 인간의 야만적 행태를 보도하고 있다. 더구나 하루가 멀다하고 국내외적으로 성추행, 성폭력 사건이 일어나는 것은 무엇을 말하는가. 경이적 문명의 진보에 가려져 인간의 나쁜 짓이 서슴없이 자행되고 아직도 우리 사회에 여성을 바라보는 시각이 민주적이지 못함을 감안할 때 김일엽의 행동은 더욱 의미하는 바가 크다.

## 오타 세이조와의 만남

1921년 이노익과 헤어지고 나서 그 다음 해인 1922년에 있었던 일본인 재벌 2세인 청년 오타 세이조(太田淸藏)와의 만남과 이별은 김일엽에게 또 하나의 커다란 충격으로 작용한다. 오타 세이조는 에도(江戶) 막부 이후 명문가 반열에 오른 오타 가문의 장남이었다. 도쿠가와 이에야스와 함께 에도 막부를 세운 명장 오카 도칸(太田道灌)의 후예였던 것이다.

이노익과 이별한 후 전에 다녔던 일본 에이와학교에 재입학하여 다니고 있던 김일엽은 규슈(九州)대학 법학과에 재학 중이던 오타 세이조와 만나 연애하면서 아이까지 갖게 되었다. 오타 세이조는 김일엽의 임신 사실을 아버지에게 털어놓으며 그녀와 결혼하겠다고 했으나 일본 국책은행 총재이던 아버지 오타 후사쿠는 펄쩍 뛰며 반대하였다. 고함을 지르며 결혼을 절대 승낙할 수 없다는 아버지에게 오타 세이조는 단호하게 의절을 선언하면서 집을 나오고 말았다.

1922년 9월 김일엽은 세이조의 친구인 신도 아라키의 집에서 건강한 아들을 낳았다. 아이의 이름은 오타 마사오(太田正雄)라고 지었다. 며칠 동안의 산후 조리를 마친 후 김일엽은 집에 아무도 없는 틈을 타 오타 세이조 앞으로 "나로 인해 천륜을 끊는다는 것은 말도 안 되니 다른 여자와 가정을 꾸려 마사오와 행복하게 사세요."라는 한 통의 편지와 아이를 놓고 사라졌다.[7] 가부장제적 혼인 관계의 구속이나 출산이라는 여성의 억압을 과감하게 벗어나는 주체적인 행보였다. 김일엽이 자신이 수도하고 있던 수덕사에 찾아온 아들 오타 마사오를 다시는 어머니라 부르지 말라며 냉정하게 돌려보냈던 것도 이와 무관하지 않다.

---

7    이철, 『경성을 뒤흔든 11가지 연애사건』, 다산초당, 2008, 135쪽.

김일엽이 조선으로 귀국하여 의연하게 자신의 길을 간 데 비하여 오타 세이조는 김일엽과의 사랑이 맺어지지 못하자 맹세한 대로 그녀만을 그리워하며 평생 독신으로 지내다가 죽고 말았다. 오타 세이조는 조선으로 떠난 김일엽을 잊지 못하고 조선총독부 고위 관리로 근무하며 찾아나서 한 번 만나기는 했으나 이미 그녀는 오타 세이조를 잊은 지 오래였다. 오타 세이조는 조선 독립 이후 독일에 일본대사관 특사로 파견되어 그곳에서 1970년까지 살았다. 생전에 김일엽은 오타 세이조에 관한 언급을 극도로 회피했지만 그의 존재를 암시하는 대목을 한두 군데 찾아볼 수 있다.

한편 3세 때까지 도쿄에서 아버지의 친구인 신도 아라키의 보호 아래 자라던 아들 오타 마사오는 다시 황해도 신천에 사는 아버지 친구인 송기수에게 맡겨져 그의 양자로 입적돼 송영업이라는 이름으로 성장한다. 후에 오타 마사오는 서울에 올라와 김은호 화백에게서 그림 공부를 하고 다시 일본으로 돌아갔다.

한국과 일본을 오가며 이집 저집을 전전하다 어머니가 출가(出嫁)한 것이 아니라 스님이 됐다는 사실을 알게 된 오타 마사오는 14세가 되어 여름방학 때 어머니가 수도하고 있던 수덕사로 찾아갔다. 하지만 김일엽은 처음 만난 아들을 다시는 어머니라 부르지 말고 스님이라 부르라며 모질게 대했다. 이미 김일엽은 속세의 인간이 아니었다. 어머니의 냉대를 받고 돌아선 오타 마사오는 마침 이혼하고 수덕여관에 머물며 자식을 못 잊어 하던 나혜석을 만나 며칠 어머니와 같은 정을 느끼고 위로를 받을 수 있었다.

당대 최고의 화가 김은호 화백의 양자로 들어가 김설촌이라는 이름으로 그림 공부를 하고 이상범 화백에게도 배운 오타 마사오는 도쿄 제국미술학교를 졸업하고 당시 일본 대표 화가인 이토 신스이를 사사한 뒤 사멸해가는 북종화를 부활시킬 만큼 훗날 일본에서 유명한 화가가 되었다. 김일엽의 유일한 혈육인 오타 마사오는 어머니의 성을 따라 이름을 김태신으로 고쳤고 그 후 제주도 출신의 여성을 만나 결혼하여 자녀까지 두었으나 마침내 1988년 미국 뉴욕에서 어머니의 뒤를 따라 60대 후반의 나이에 자신도 출가(出家)하였다. 비록 93세로 천수를 누렸으나 그도 어머니와 같이 평생 고독했을 것이다.

김태신은 어머니에 대한 그리움을 몇 권의 책으로 썼고, 모자의 연연을 자주 언급했으나 정작 김일엽은 어떠한 확인도 해준 적이 없다. 오타 세이조는 물론 아들의 존재를 밝히지 않고 살던 김일엽은 자식에 대한 원초적인 그리움을 감추지 못했는지 1924년에 "나는 먼저 모성이라는 것을 잊어서는 아니 되겠다고 생각했다. 사실 여성의 가장 아름답고 위대한 것은 모성을 잘 발휘하는 데 있다고 생각했다."[8]는 글을 남겼다. 이어 1927년에 "그런데 어찌하여 생시에는 마음에도 없던 어린이가 꿈에만 가끔 나타나는지 알 수가 없다. 어떤 때는 빨리빨리 걸어 다니는 3, 4세 된 어린것이 언덕길에 나타나면 얼른 안아서 평지로 데리고 내려오지도 못하던지 …(후략)"[9]라는 글을 발표한 적이 있다. 김일엽에게 아들 하나가 있었다는 사실은 그녀가 죽고 나서 1975년에야 언론에 의해 세상에 알려졌다.

## 임장화와의 동거

삶의 안정과 인간에 대한 신뢰를 잃고 방황하던 나날 속에서 김일엽이 새롭게 만난 사람이 바로 노월 임장화다. 김일엽은 도쿄 유학생 친목회에서 세 번째의 남성 임장화를 만났는데, 김일엽이 어릴 때 지냈던 평안남도 진남포가 임장화의 고향이었다. 그는 와세다(早稻田)대학에서 현대미술사를 수학한 후 도요(東洋)대학에서 철학을 공부했다. 도쿄에 있을 때 친구이자 자유연애지상주의자인 방인근의 소개

---

8    김일엽, 「인격 창조에 ─ 과거 1개년을 회상하여」, 『신여성』, 1924. 8.
9    김일엽, 「꿈길로만 오는 어린이」, 『문예공론』, 1927. 7.

로 만나게 된 지주 집안의 아들인 임장화는 적극적으로 김일엽에게 다가왔다. 임장화의 문예와 여성운동에 대한 깊은 통찰력은 그녀에게도 매력으로 느껴졌다. 이 당시 일본 문단에 번역 수용되어 있던 오스카 와일드의 예술론을 흡수하여 신개인주의적 예술지상주의를 주창한 임장화는 유학 중인 여학생들의 삶과 문학에 커다란 영향력을 미쳤다.

임장화와 김일엽의 관계는 『청춘을 불사르고』의 「무심을 배우는 길」에 상세하게 기록되어 있다. 김일엽은 39년 전을 회상하면서 입산한 지 10년이 지났을 무렵 신문에 실린 "세 볼 엄두 아니 나는 / 갈대의 대가족은 / 비바람 무릅써도 / 서로가 다 안 여읜 맘 / 그래도 어버이 자녀 사이 정 / 오감 잊잖은 양 / 바람 슬쩍 충동이면 / 서로의 설운 사정 / 몸부림쳐 울부짖네 …(후략)"(「갈대」)라는 임장화의 시 한 편을 접하고 불과 2년 남짓 만났던 인연에 대해 술회하고 있다.

도쿄에서 임장화는 김명순과 동거하고 있던 중에 김일엽에 접근하였고 그녀에 반하여 동거에 들어갔다. 임장화와 김일엽의 관계는 1923년 여름이나 가을쯤부터 1925년 가을경에 이르기까지 계속되었다고 본다. 김일엽의 동거 소식은 "드디어 보금자리를 찾았느냐?"는 등 세인의 입에 오르내릴 만큼 서울에 널리 퍼졌다. 이에 김일엽은 "내 생활은 내가 할 터이니 너희들은 너희들 자신의 생활이나 똑똑히 하고 잠자코 있으라 하고 싶다."(「인격 창조에—과거 1개년을 회상하여」)며 정면 대응하였다. 물론 나중에 임장화와의 결별은 김일엽을 다시 한번 추문의 주인공으로 만들었지만, 자유로운 김일엽은 순수한 미와 사랑의 정조를 잃지 않겠다는 다짐을 실천했다

임장화의 신개인주의적 예술지상주의는 남편 이노익 및 오타 세이조 등과의 관계 속에서 상처 받고 완전한 사랑과 삶에 대한 신뢰를 잃게 된 김일엽 자신을 새롭게 구원해줄 수 있는 길로 인식되었을 것이다. 1920년대 초 임장화가 말하는 신개인주의란 부르주아적 사유제도와 사회주의적 집단주의 양자로부터 공히 자유로운 절대적 개인주의라 할 수 있다.[10] 특히 식민지 조선에서 신개인주의를 주장하며 완전한 개인이란 예술 및 창작의 영역에서만 존재한다고 주장했던 임장화로부터 김일엽은 큰 영향을 받았다.

이처럼 신개인주의는 사랑과 예술을 통한 개인의 자아실현을 절대적인 가치로 삼는 것을 의미하였다. 그의 영향을 받은 김일엽의 입장도 일체의 남들이 내세우는 이념에 따르지 않고 자신만의 독립적인 삶을 살고자 하는 것이었다.

---

10  방민호, 「김일엽 문학의 사상적 변모 과정과 불교 선택의 의미」, 『제1회 김일엽 학술대회』, 김일엽문화재단, 2015. 6, 26쪽.

김일엽은 "과거 1개년 동안에 얻은 것으로 말하면 나의 인격을 순화시킨 데 있다. 첫째는 나로 하여금 인격적으로 자각, 둘째는 모성에 대한 자각, 셋째는 예술적 생활에 동경이다."(「인격 창조에 – 과거 1개년을 회상하여」)라고 하여 인격적 순화를 신개인주의에 따른 생활로 말한 바 있다.

그러나 임장화의 신개인주의는 외로움 속에 방황하던 김일엽을 구원해줄 수 없었다. 김일엽의 신개인주의란 임장화의 사상에 대한 공명이라기보다는 스위트 홈에 대한 낭만적 상상과 모성에 대한 자각, 아내 이전의 개인으로서의 자아에 대한 인정과 같은 엘렌 케이의 사상과 더 유사한 것[11]이라 보기도 한다. 끊임없이 사랑을 갈구하면서 확인까지 받고 싶어하는 나약하고 우유부단한 성격을 지닌 임장화는 이지적이고 의연한 태도의 김일엽과 모순을 빚게 되었다.

결정적으로 고향에 아내가 있었던 임장화는 김일엽에게 믿음과 희망을 실현시켜줄 수 없었다. 오히려 새로운 파탄과 불안은 김일엽의 처지와 상황을 한층 더 어렵게 만들었던 것으로 보인다. 동거하는 과정에서 김일엽은 고향이 진남포인 임장화의 본가에까지 함께 내려갔다가 그가 이미 결혼한 사람이라는 것을 알게 되면서 홀로 상경하고 만다. 맨

11  김주리, 앞의 글, 131쪽.

처음 만날 때부터 미혼이라는 말을 듣고 임장화와 연애했던 것인데, 이 사건은 대략 1925년 초부터 1925년 가을 사이에 있었던 일이다.

임장화의 아버지는 김일엽에게 아들의 첩으로 집안에 들어온다면 잘 살게 해주겠다는 약속까지 했다. 아버지의 입장과 다르기는 했지만 임장화도 "2년만 동거해주면 일생 생활비는 만들어주겠다."는 식의 말을 한 바 있다. 돈 때문에 불쾌한 첩살이를 할 수 없었던 김일엽은 별거하며 계속 애인으로 지낼 것을 요구했으나 임장화는 차라리 둘이서 죽어버릴 것을 제의하였다. 시인이던 임장화는 "무의미한 삶보다는 이별이 없는 만족한 순간이 얼마나 아름다운가"라는 자살 심리를 읊기도 했고, 호숫가를 지나다가 돌연 그녀를 안고 뛰어들려는 시도를 하는가 하면, 유서를 써놓고 철도 자살을 하겠다고 뛰쳐나가기도 했었다. 며칠 후 임장화는 밤 12시에 동반 자살할 것을 약속하며 진남포에서 병원을 경영하는 친형에게서 가져온 헤로인 두 개를 김일엽에게 맡기기까지 했다(무심을 배우는 길).

죽고 싶지 않았던 김일엽의 묘책으로 자살조차 실패로 돌아가자 임장화는 김일엽을 고향인 진남포의 넓은 농장을 보여주는가 하면 거액의 금전으로 회유하기도 했다. 그러나 김일엽의 경우 임장화와 지향하는 바에 따른 미묘한 입장

차이가 있었다. 그녀는 인간으로 태어난다는 것은 윤회 세계에서 너무나도 소중한 기회를 얻은 것이라 생각했다. 그러므로 자살은 스스로 귀한 기회를 포기해버리는 것이며 살인보다도 더 큰 죄라 인식하였던 것이다. 더구나 임장화와 처음 사귈 때부터 본처가 없다고 하는 말을 믿었던 김일엽은 갖은 곤경을 치르게 되었고, 임장화와의 불화와 파탄이 문단에 널리 알려짐으로써 이상적인 결혼이나 부르주아적 가정 등의 근대적 환상은 전혀 기대할 수 없게 되었다. 그러므로 김일엽은 임장화를 탓할 필요도 없이 스스로 과감하게 그의 곁을 떠났다.

> 당신이 나와 처음 사귈 때부터 본처가 없다고 하는 말을 내가 그대로 믿었다가 갖은 곤경을 당하였지만, 다만 사랑을 위함인 줄 믿고 한번도 원망을 해본 적이 없습니다. 도리어 사람이 철저하지 못하여 언약했던 백년해로를 내가 먼저 어기게 되어 미안하기만 했을 뿐이었습니다.(「무심을 배우는 길」)

자신의 기대를 충족시키지 못하는 임장화를 떠날 수밖에 없었던 김일엽은 서로의 사랑에는 사욕이 들어 있었음을 지적하면서 "더구나 당신이 나를 사랑한 동기도 인격적으로 대상을 삼기보다 관능적 감각에 기인한 것이 분명하였습니다."(「무심을 배우는 길」)라고 말했다. 임장화가 자신의 미모를 가리켜 쌍꺼풀 진 눈, 풍염한 뺨, 매력 있는 입모습, 예쁜 손 운운했던 것을 상기시키면서 남성에 의해 인격적인 사랑이 아닌 육체적 관능의 대상이 될 수 없다는 성적 해방 의식을 드러냈다. 예술적 감수성이 있었던 임장화지만 김일엽에게 이상적인 동반자가 되지 못함으로써 둘의 관계는 끝을 맺고 말았다.

근대적인 제도나 이념에 의해 보호되는 개방적 사랑의 방식이 사라진 자리에 소망과 구원의 비전으로 나타난 것이 바로 불교다. 불교는 이상적인 사랑과 인간에 대한 환상을 버리지 못했던 김일엽에게 새로운 인격화의 가능성으로 나타났다. 이 구도의 문은 여성성에 기반한 자아실현을 넘어서 진정한 자아와 완전한 인간의 수준에 이르는 경지로 이끌었다. 훗날 스님이 된 김일엽은 임장화에게 불교 사상을 전하고자 했다.

1923~1925년에 걸친 임장화와 관계를 청산하고 서울로 돌아온 김일엽은 1925년부터 3년간 아현보통학교에서 교사로 봉직하였다. 그러나 직장생활에 안주하지 못하고 그 후에도 김일엽의 삶은 방황의 연속이었다. 전영택의 누이이자 자신의 친구인 전유덕의 애인으로서 『조선문단』의 발행인이었던 방인근과 삼각관계로 스캔들을 일으키기도 했고,

『동아일보』에 글을 쓰던 것이 인연이 되어『동아일보』의 중견 기자인 국기열과 잠시 동거를 하였다. 국기열은 전남 담양 출신으로 일본 유학을 마치고 송진우 등과 함께『동아일보』 창간에 적극적으로 관여한 인물이다.

후리후리한 키와 육감적인 얼굴 그리고 모든 것을 빨아들이는 듯한 큼직한 눈을 갖춘 그녀의 외모와 깨어 있는 그녀의 사고에 반해버린 남성들이 많았다[12]고 한다. 그러나 김열엽은 항상 주체이고자 했던 자유의 화신이었다.

12  이철, 앞의 책, 133쪽.

# 5
# 새로운 정조관을 선언하다

---

    김일엽은 근대적 여성교육을 받은 신여성으로서 기존의 낡은 제도와 관습에서 벗어나 자유로운 삶을 시도했다. 여성해방을 도모해온 그녀는 무엇보다도 섹슈얼리티의 영역에서 가부장제적 가치관이 여성을 억압하고 구속한다는 점에 문제의식을 갖고 반발하지 않을 수 없었다. 김일엽은 당대 최고의 페미니스트로서 남녀의 성 불평등에 대한 비판적 시각을 유지해나갔고, 영육의 일치된 사랑을 가치 있게 여겼다. 특히 김일엽은 정조 관념을 육체적 관계 속에서만 판단하려는 기존의 성도덕에 반대하고 정신적 순결을 더 중시하였다.

    인식은 구체적 실천에 의해서 확고해지기 마련이다. 김일엽은 사랑이나 성과 관련된 만남과 동거의 체험 이후 자유연애론과 신정조론을 외쳤다. 무엇보다 낡고 그릇된 관습의 직접적 피해자였기 때문에 그의 주장에 설득력이 더해진다. 제대로 얼굴 한 번 보지 못한 남자와 결혼식을 올렸고, 그가 의족을 한 장애인이란 사실을 알게 된 그녀는 신뢰에 기반하지 못한 결혼생활을 일찌감치 청산해야 했다. 그녀가 주장하는 자유연애론과 신정조론을 관통하는 핵심 가치는 '인격'으로 귀결되었다. 이는 그녀의 성 관련 주장이 단순히 남성과의 상대적 관계가 아닌, 인간 존재 차원의 절대적 세계관에 기반하고 있다는 증거가 될 수 있다.

사랑이든 정조든 그녀의 궁극적인 관심은 완전한 인간, 즉 문화인의 도달이라는 영원한 진리의 모색에 있었다. 남녀 간의 연애 문제를 언급하면서 한 남자가 우매한 여자를 만나 평생의 행복을 맛보지 못한다면 어떻겠는가 자문한 뒤 "불완전한 사람으로 인연하여 완전히 될 만한 사람의 앞길까지 그르치게 되는 근본이 될 뿐이다."(「근래의 연애 문제」)라고 했음도 그녀의 완인에 대한 집념을 잘 드러낸다.

## 자유연애론

백합화의 「애의 추회」는 여학교 교사가 된 김정숙이 학생 시절의 연애를 회고하는 글이다. 정숙은 같은 교회를 다니던 남학생을 속으로 좋아하고 있었는데 그도 정숙을 좋아했 는지 그동안 사모했음을 고백하며 조국을 위해 더 일해야 한다면서 유학을 떠나기 직전에 편지를 보낸다. 연애편지 한 통에 정숙은 5년 동안 청년을 잊지 못한 채 학교를 졸업 하고 교사로 살아간다. 이 땅의 근대가 사회계몽적 가치를 중시했음을 보여주면서도 이 작품은 연애라는 여성의 내밀 한 감정을 솔직하게 표현하고 있다는 점에서 의의가 있다. 여성이 어떤 남자를 마음속으로 그리워했다는 고백은 자칫 부도덕하다는 비난을 받을 수도 있을 정도로 당시 여성들에 게는 큰 용기가 있어야 했다.

근대의 신문명에 따른 변화 중에서도 연애만큼 신속하고 강렬하게 사람들을 흔들어놓은 것은 없을 것이다. 용어 자 체도 새로 수입되었으며 청춘 남녀 간의 사랑만이 'love'의 번역어인 '연애'가 되었다. 연애는 암울한 시대적 상황 속에 서도 개인의 자각이라는 근대적 명분을 획득하면서 오랫동 안 유지되어 온 불합리한 결혼 제도를 거부하는 반역의 기 호로서 이 땅의 지식인들과 대중들을 파고들었다.[1] 우리 젊 은 남녀들의 연애야말로 개인의 자유와 권리를 가장 잘 반

---

1  유진월, 「사랑과 이별은 곧 하나이며 나와 당신 또한 하나라」, 『종 교인의 연애』, 바이북스, 2015, 183쪽.

영하는 근대의 아이콘이면서도 세계 개조의 목소리가 높던 시절 사회 변화를 자극하는 원천이 되기도 했다.

1920년대 서구 연애론의 영향을 받으면서 새로운 문명 기제로서의 연애 시대가 본격화되고, 다양한 연애 양상이 전개되었다. 김일엽의 자유연애론에 크게 영향을 준 것은 정신적·육체적 사랑의 일치를 의미하는 엘렌 케이의 연애론이었다. 김일엽은 엘렌 케이의 연애론을 수용하면서 '인격'과 '개성'을 핵심으로 하는 성적 신도덕의 건설을 주장했다. 여성에게 희생을 강요하던 정신 우위의 관념을 격파하고자 한 그녀는 영육 일치의 자유연애를 새로운 시대를 여는 통로로 삼고자 했다.

김일엽은 근대적 여성에 대한 문제의식에 있어 제도적 개혁보다는 인간의 내면적 혁신을 더 중시하였다. 그리고 신여성을 자처하는 그녀는 무엇보다 기존의 성도덕에 반하는 자유로운 연애를 주장하기에 이르렀다. 아직 온건한 여성해방의 성격을 띠기는 하나 근대의 속성을 분명히 잘 드러내는 자유연애는 그녀의 가장 커다란 관심일 수밖에 없었다.

> 우리들의 성적 대상자가 대개 기혼 남자이니까 따라서 우리의 성적 결합이 구도덕상으로 많은 비난을 받을 것입니다. 그러므로 우리의 인격을 존중히 하는 신사상을 가

진 사람을 배우자로 정하는 것이 역경에 있는 우리에게는 제일 상책이라고 생각합니다.(「우리의 이상」)

자유로운 연애의 주장이 인격적 삶을 위한 길임을 밝히고 있다. 신여성들의 연애가 구설수에 오른 것은 남자들이 조혼을 했던 시대적 한계 때문이요 대화가 통하는 신사상을 가진 그들의 교유는 출발부터 비난을 피할 수 없었다. 처녀가 기혼자를 배우자로 선택해야 하는 현실은 구조적으로 문제적일 수밖에 없었고 조혼의 폐해는 이루 말할 수 없었다. 김일엽의 「청상의 생활」에 나오는 12세의 어린 신랑은 첫날밤조차 치르지 못한 데 이어 열병에 걸려 겨우 14세 나이에 그만 죽고 만다. 본인의 의사와 무관하게 진행되는 강제 결혼 제도는 불행을 예고하는 것이었다.

김일엽이 쓴 「나는 가오」는 연애에 관한 슬픈 이야기이다. 재혼 가정의 문제로 동경 유학길에 떠밀려간 장경자가 자살하려 하자 유학생 이상현이 빚을 져가며 그녀를 구해주는데, 그에겐 아내가 있었고 경자와의 관계가 본국에 알려지면서 난관에 처하게 된다. 경자는 '나는 가오' 하며 만주로 유랑을 떠난 그가 돌아오기를 기다린다는 내용이다. 이 작품에서 낭만적이고 순수한 사랑이 해피엔딩이 되지 못한 이유로 재혼 가정, 조혼 제도 등과 여성의 경제적 무능을 들고 있다. 무엇보다 여주인공이 삼십이 넘도록 떠나간 남자를 기다리고 있는 데서 사랑의 중요성이 극대화되고 있다.

결혼이라는 제도를 뛰어넘어 사랑이라는 감정이 우선시 되어야 한다고 믿는 김일엽은 강제적 결혼을 비판하면서 자유 이혼을 권장한다. 「K언니에게」[2]에서 결혼생활로 고통 받는 언니에게 독신으로 살 것을 강력하게 권하고 있다. "우리 여자도 이 세상에 당당한 인격자로 살아가자면 어찌 남자에게만 의뢰하는 비열한 행동을 감히 하리까."라며 사랑이 없는 결혼생활은 무의미하다는 인식 아래 인격자로 살아가기 위해 남자에게 의지하는 비겁한 행동에서 자유로워지기를 바랐다. 자유 이혼은 당시 일본과 조선을 풍미했던 엘렌 케이의 이론에 따르면 지극히 도덕적인 것이었으며, 사랑 없는 결혼으로부터의 이혼은 논리적 합리성을 뒷받침했다.

「자각」에서는 여주인공 순실로 하여금 타자화된 섹슈얼리티에 반항하도록 한다. 즉 임신 중인 구여성 아내가 남편으로부터 이별을 통보받자 곧바로 시집을 나와 출산한 뒤 아이를 시집에 주어버리고 근대교육을 받아 신여성이 된다는 내용이다. 이 작품의 마지막 대목에서 강조되고 있듯이 남편이 후회하며 돌아와줄 것을 간청하지만 순실은 뿌리치며,

2  『신여자』 2호, 1920. 4.

"노예의 생활에서 벗어났으니 인제는 한 개 완전한 사람이 되어 값있고 뜻있는 생활을 하여야겠나이다."라고 한다.

근대 여성들이 선택했던 자유연애는 고루하고 완강한 현실과의 투쟁에서 얻은 값진 것이었다. 김일엽의 많은 소설 속의 남녀관계에서 일어나는 여성의 죽음은 대부분 자살로 표현되는데, 「어느 소녀의 사(死)」[3]는 18세의 조명숙이 난봉꾼 부자의 셋째 첩으로 출가시키려는 부모의 강압을 피해 한강철교에 가서 자살하는 과정을 그렸다. 남편이 첩을 두자 '첩은 죽으면 모두 지옥으로 갈 것'이라던 명숙의 모친이 딸 셋을 모두 돈을 받고 첩으로 보내는 작태를 보여준다. 사랑과 인격을 바탕으로 한 자유연애 및 결혼과 거리가 먼 축첩 제도가 낳은 병폐를 직감하게 한다. 부모와 신문사에 한 통씩의 편지를 남기고 죽음을 맞는 그녀의 행동은 가부장제의 이데올로기와 권력 구조를 해체하지 않으면 문제가 근본적으로 해결되지 않음을 증언하는 것이었다.

> "여식이 만일 학교를 아니 다니어 글자를 못 배웠더라면 오늘 이 거사가 없었을 걸로 아옵나이다. …(중략)… 왜 사람이 되도록 남의 정실이 되게 못하시고 구태여 노예나 다름없는 민○○의 부실이 되라고 강제하시는지 여

3　『신여자』 2호, 1920. 4.

식은 야속한 마음을 이루 측량할 수 없나이다."

　이 작품에는 자유연애를 가로막고 있는 강제결혼, 축첩제도 등의 여성문제들이 들어 있다. 더구나 지식 여성으로서 주인공은 부모의 강압에 불복하는 지혜와 용기, 여권 침해의 실상을 공론화할 수 있는 사회적 인식 등 과거에 볼 수 없는 신여성의 모습을 대변한다. 자살이라는 극단의 선택을 통한 명숙의 저항은 봉건과 구습에 의해 고통받는 대다수 여성의 삶에 영향을 준다. 이 작품은 기존의 속박과 전횡에 맞서는 길에서 나온 여성해방이자 자유연애의 표본이라 하겠다.

　「순애의 죽음」[4]은 교육을 받았고 글쓰는 재주가 있는 순애라는 여인이 가부장 사회에 대한 불만을 이기지 못하고 자살하는 내용이다. 순애는 일본에 유학을 다녀오고 신문사 경영에 참여하고 있던 K에게 호감을 갖고 있었지만 그에게 겁탈당하면서 자신의 인격이 무너지는 것을 경험하게 된다. 자유로운 연애의 구현이 쉽지 않음을 보여줄 뿐만 아니라 마침내 남성 일반에 대한 분노로 확대되어 "지금 제 감정은 K만 미운 것이 아니야요. 횡폭한 일반 남성에게 대한 반감

---

4　『동아일보』, 1926. 1. 31~2. 8.

은 극도에 달합니다."로 표현된다.

## 신정조론

김일엽이 급진주의 페미니스트로 평가받아온 이유는 그녀가 주장하는 여성의 자유와 평등이 주로 섹슈얼리티 측면의 성과 사랑에 초점이 맞추어졌기 때문이었다. 김일엽은 여성해방의 핵심적 과제로서 여성에게만 일방적으로 강요되는 가부장적이고 봉건적인 순결 이데올로기를 정면으로 비판하며 성적 자기 결정권을 강조하였다.

『신여자』의 폐간 이후에 김일엽은 여성해방에 있어 좀 더 과감한 면모를 보여주었다. 즉『동아일보』에 발표한 「부인 의복 개량에 대하여」와『노라』의 '발문' 등으로 급진적인 주장을 내세웠으며, 격한 반응과 논란을 일으킨 신정조론도 이 시기에 구체화되었다. 그녀는 「우리의 이상」에서 아래와 같이 '신정조론'을 처음 언급하였다.

> 사랑을 떠나서는 정조가 없습니다. 그리고 정조는 애인
> 에 대한 타율적 도덕 관념이 아니고 애인에 대한 감정과
> 상상력의 최고조화한 정열인고로 사랑을 떠나서는 정조
> 의 존재를 타 일방에서 구할 수는 없는 본능적인 감정입

니다.[5]

　김일엽은 정조를 육체 기준의 타율적인 도덕적 판단으로 재단하는 것에 반대하면서 본능적인 감정과 최고조의 사랑으로 인식해야 한다고 강조하였다. '사랑이 없이 육체에만 빠지는 것'을 경계해온 김일엽에게는 육체적인 관계보다 사랑하는 마음이 더 중요했다. 고매한 불법의 가르침에 침잠하기 이전에 실존적 존재로서 느끼는 인간적인 정을 문제삼는 여성해방론자의 입장이 부각된다. 여성의 인격과 자유에 토대한 성과 사랑을 적극적으로 옹호한 김일엽의 '신정조론'은 조선 사회에 큰 논쟁의 씨앗이 되었다. 당시 성 해방의 동지였던 김명순은 '사랑이 없는 결혼은 매음에 불과하다'[6]고까지 했다.

　그녀가 『신여자』의 창간을 계기로 한국 사회에 한 획을 그은 여성 주필이지만, 김일엽을 세상에 확실히 알리게 된 것은 1927년 새해 벽두 『조선일보』에 발표한 「나의 정조관」이라는 그녀의 '신정조론'이다. 국기열과의 동거가 진행 중이던 시기 발표된 그녀의 신정조론은 전통적인 윤리 규범이나

---

5　김일엽, 「우리의 이상」, 『부녀지광』, 1924. 4.
6　김명순, 「나는 사랑한다」, 『동아일보』, 1926. 8. 17~9. 3.

사회로부터의 이목을 철저히 부정하고 오직 '나'를 위한 의지의 발로이며, 그 이론이 직접 실천에서 나왔다는 점 때문에 사회적 의미와 파장은 만만치 않았다. 김일엽의 삶에서 『신여자』가 창간되던 때만 하더라도 온건한 여성해방의 시기라고 한다면, 이 신정조론이 선언되던 때는 급진적인 여성해방시기라 해도 과언이 아니다.

연애와 이별, 결혼과 이혼 등의 파란만장한 인간적 애환을 경험하면서 김일엽은 어느덧 나이 서른을 넘어 한 단계 성숙하였다. 이 새로운 정조관의 선언은 자유로운 의식에서 분출되는 혁신적인 여성해방의 상징이 되었다. 김일엽은 「나의 정조관」에서 정조를 물질시하는 사회의 낡은 풍조를 배척하고 사랑과 굳게 결부된 정신적 상태로서의 새로운 정조 개념을 제시하였다. 그동안 여성에게 강요되어온 육체 중심의 정절 이데올로기를 대체하는 혁명적인 성 모럴로서의 정신적 정조관은 당대 사회에 커다란 충격을 주었다.

정조란 결코 그러한 고정체가 아닙니다. 사랑이 있는 동안에만 정조가 있습니다. 만일 애인에게 대한 사랑이 소멸된다고 가정하면 정조에 의한 의무도 소멸될 것입니다. 따라서 정조라는 것도 연애 감정과 마찬가지로 유동하는 것이라 볼 수 있는 동시에 항상 새로운 것입니다. … (중략)… 정조는 결코 도덕이라 할 수 없고 단지 사랑을 백

열화(白熱化)시키는 연애의식의 최고 절정이라 하겠습니다.[7]

    이처럼 그녀는 '정조는 결코 도덕이라 할 수 없다', '단지 연애 의식의 최고 절정이다'라고 과감히 여성의 성적 자유를 주장하였다. 정조와 사랑을 거의 동일한 것으로 간주하고 정조는 사랑을 떠나서 존재할 수 없는 본능적 감정임을 강조한 것이다. 과거에 이성과의 접촉 여부가 정조의 훼손 여부가 될 수 없음을 분명히 하고 있다. 김일엽은 관습적 윤리 속에 강요되던 여성의 육체적 순결을 멀리하고 사랑의 대상이 바뀌어 새로운 사랑을 하게 될 때 일어나는 순결한 마음을 진정한 정조로 생각했던 것이다. 때문에 위와 같은 언급에 이어 그녀는 과거를 딛고 새로운 생활을 창조할 만한 정신만 갖고 있다면 자아는 언제든지 깨끗하고 이지러지지 않은 참신한 영육의 소유자라 자처할 수 있다고 하였다.

    가부장제의 구속과 규범적 통제 속에서 탄생한 김일엽의 「청상의 생활」에서 화자는 여성에게 강요된 정절 이데올로기의 허위성을 신랄하게 비판하였다. 즉 신여성 작가 김일엽은 가엾고 서글픈 눈물의 역사를 공개함으로써 사회의 반

---

7    김일엽, 「나의 정조관」, 『조선일보』, 1927. 1. 8.

성을 촉구하고 여성 자신에게 자각을 주기 위해 글을 쓰지 않을 수 없었던 것이다.

> 내가 원치 않는 정절을 지키노라고 인생의 본능적인 성욕을 누르고 자연히 솟아오르는 사랑의 샘을 억지로 틀어막으며 허위로 신성하다는 생활을 한 것은 그 이면이야말로 진실로 눈물 나고 애처롭고 참담한 것입니다.[8]

유교적 정절 이데올로기의 강제적 규율이 한 여성의 인간다운 삶을 얼마나 침해하고 훼손했는가를 알 수 있다. 정절 이데올로기로 인해 섹슈얼리티의 억압뿐만 아니라 인생을 낭비했음을 자각하는 구여성을 통해 김일엽은 자신이 추구하는 여성해방의 충동을 어느 정도 만족할 수 있었을 것이다. 여기서 그녀가 주장하는 여성해방론이 얼마나 순수하고 낭만적인 사랑과 맞닿아 있는가를 알 수 있다. 「청상의 생활」을 보면, 성적 아이덴티티조차 형성되지 않은 어린 신랑을 만난 여성 주인공은 40여 년 동안 성욕을 제대로 표출하지 못한 채 불행하고 소외된 삶을 살아왔다.

자유연애를 지지하며 가부장제 아래 신봉되는 여성 정절 이데올로기에 대해 공격함으로써 세인들을 경악하게 한

---

8    김일엽, 「청상의 생활」, 『신여자』 4호, 1920. 6.

그녀의 신정조론은 차별적인 성윤리에 대한 투쟁을 넘어서는 것이었다. 김일엽은 기존의 모든 제도와 관념에서 멀리 떠나 생명에 대한 의미를 환기시키고자 하면서 "우리 여자에게는 무엇보다도 먼저 우리들의 인격과 개성을 무시하던 재래의 성도덕에 대하여 열렬히 반항치 않을 수 없습니다."(「우리의 이상」)라고 한 바 있다.

정조는 고정된 물질이 아니라 유동적 정신이라 믿는 김일엽은 연인이자 스승이라 할 수 있는 백성욱에게도 자신이 지닌 신정조관을 설명하였다. "여자의 육체가 남성을 접하고 안 접한 것은 문제 될 것이 없고 오직 그 여자의 정신 문제일 뿐이라."고 하면서 "정신적으로 정적 청산이 되어 새 사랑을 상대에게 온전히 바칠 수만 있다면 언제든지 처녀로 자처할 수 있는 것임"(「B씨에게 제1신」)을 강조한 바 있다. 김일엽은 육체적 순결을 의미하는 '처녀성'이라는 단어 대신에 '처녀 기질'이라는 용어도 만들어냈는데, 처녀 기질이란 과거에 이성을 전혀 접촉하지 않은, 육체적 처녀라는 의미와는 달리 새 애인을 만났을 때 과거의 감정을 완전히 벗어나 새로운 영과 육을 가진 깨끗한 사람이라고 자처하는 감정을 말한다(「우리의 이상」).

더러운 것을 막 주무르던 손이나 티끌 하나 만져 보지 않은 손이나, 손은 손일 뿐이지 정부정(淨不淨)이 손에 묻지 않는다(「B씨에게 제1신」)는 김일엽의 말은 도전적이고도 적실하였다. 정신적 순결을 중시한 그녀는 새로운 남자를 만날 때마다 진실되기만 하다면 그것으로 의미가 있다는 신정조론을 주장함으로써 여성 성담론의 선두에 서기도 했다. 한 기자가 출가하게 된 동기를 묻는 질문에 "생사와 고락을 초월하기 위해서였다."[9]고 스스로 밝혔듯이 육체의 한계를 극복하고 정신을 구하고자 했던 그녀의 소신이 바로 불교를 선택하는 계기로도 작용했을 것이다.

정조의 문제를 윤리적 차원에서 심리적 차원으로 전환하는 김일엽의 신정조론을 '분별에서의 초월'이라는 불교의 연기론으로 분석한 경우[10]도 있다. 그녀가 지은 소설 가운데 남편이 아내의 육체적 부정을 의심하는 이야기인 「사랑」[11]도 신정조론의 연장선 위에 있는 것으로서 근대적 의미의 순수하고 낭만적인 사랑의 관점과 무관하지 않다. 1934년 '정조는 취미'에 불과하다고 선언함으로써 정조 관념 자체를 부정하는 듯한 그 유명한 나혜석의 신정조론의 단초가 되기도

9    김일엽, 「개벽지 회견기−신여성에서 여승이 되기까지」, 『개벽』, 1935. 1.
10   이태숙, 「여성해방론의 낭만적 지평 : 김일엽론」, 『여성문학연구』 4권 4호, 한국여성문학학회, 194쪽.
11   『조선문단』, 1926. 4.

했다.

안타깝게도 김일엽의 「나의 정조관」으로 대변되는 급진적 페미니즘은 식민지 가부장제의 현실에서 좌절을 맞았다. 공적 활동이 아닌 사생활로만 평가하고자 하는 의도가 분명했던 남성 지식인들에게 그녀의 삶은 신여성의 성적 타락을 보여주는 사례로 단정되었다. 심지어 당시 남성들은 그녀를 육체적 욕망의 화신이나 최고의 탕녀로 보았던 것 같다. 그녀의 성의식과 정조관이 지니는 인간의 자유로운 감성과 개성의 존중이라는 의의는 사라진 채 악랄한 소문에 그녀는 휘말리고 말았다.

그러나 그녀의 자유로운 사랑과 성 해방의 주장은 완전한 인간이 되고자 몸부림치는 가운데 일어나는 불가피한 행동이었다고 보는 것이 옳을 것이다. 고통스러움은 살아 있음의 다른 표현이요 고통을 넘으면 힘이 생긴다. 그러기에 그녀가 분주한 세상살이를 정리하고 빠르게 불교에 귀의를 결행하였고, 세상의 우려와 달리 속세와 거리를 두고 불도의 세계에 무난히 안착할 수 있었다고 본다.

# 6
# 백성욱을 사랑하다

---

　남성 중심의 불균형 사회에 대한 반감과 더불어 인간으로서 충족되지 않는 개인적 불만을 간직한 채 외로움과 다투며 방황하고 있을 때 구원의 손실을 뻗은 사람이 있었다. 이전에 만났던 이들과 비교할 수 없을 정도로 김일엽에게 강력한 영향을 미치는 사람이 나타났으니 그가 바로 철학박사 백성욱이다.

　출가 후 불교계에 안정적으로 정착한 뒤 김일엽이 출간했던 회고록 『청춘을 불사르고』에서 백성욱의 이야기가 가장 큰 비중을 차지하는 것도 예사라 할 수 없을 것이다. 게다가 1928년에 쓴, 백성욱에게 보내는 「당신은 나에게 무엇이 되었사옵기에」라는 다음과 같은 한 편의 시가 『청춘을 불사르고』의 서두에 수록되었다는 것은 예사롭지 않다.

당신은 나에게 무엇이 되었사옵기에
살아서 이 몸도, 죽어서 이 혼까지도 그만
다 바치고 싶어질까요.
보고 듣고 생각하는 온갖 좋은 건 모두 다 드려야만
하게 되옵니까?
…(후략)

김일엽이 백성욱에게 청혼까지 한 바 있고 김일엽 자신이
그와의 관계를 가장 진실한 사랑이었다고 밝힌 대로 백성욱
은 그녀에게 기쁨을 주는 동시에 긴장을 불러일으키는 소중
한 인물이었으며 나중에 불교에 입문하는 데 결정적 영향
을 미친 크나큰 존재였다. 『불교』지에 발표한 김일엽의 「파
랑새로 화한 두 청춘」은 젊은 승려와 아름다운 처녀와의 사
랑을 그린 소설로 두 사람의 관계를 잘 반영하고 있다. 특히
소설의 결말에서 승려는 처녀와 함께 둘만이 살 곳으로 달
아나는데, 백성욱과의 사랑이 열매 맺기를 바라는 김일엽의
현실적 소망이 투사된 것이라 할 수 있다.

백성욱은 1897년 서울 종로구 연지동에서 백윤기의 장남
으로 태어났다. 만 3세에 아버지를 여의고 9세에 어머니마
저 세상을 떠나 고모의 손에서 자랐다. 1910년 불과 13세의
어린 나이에 정릉 봉국사에서 행자 생활을 시작, 최하웅 스
님을 은사로 출가했다. 전국 주요 사찰의 불교 전문 강원서

8년간 경전 공부를 하다가 1917년 20세의 나이에 현 동국대학교의 전신인 중앙학림에 입학하였다. 당시 백성욱을 비롯한 학승들은 만해 한용운의 특강을 들으며 인연을 맺기도 했다. 화계사 출신의 승려 백성욱은 1919년 3월 1일, 한용운 스님의 명을 받아 중앙학림 학생들을 인솔해 탑골공원서 기미독립선언서를 배포했다.

백성욱은 1919년 중앙학림을 졸업한 뒤 중국 상하이(上海)로 망명하여 대한민국 임시정부를 기반으로 독립운동을 전개했다.[1] 뜻한 바가 있어 그는 1920년에 중국을 떠나 24세에 충정공 민영환의 아들 범식·장식 형제의 지원을 받아 그들과 함께 1년 동안 프랑스 파리의 보베(Beauvais)고등학교에 입학하여 프랑스어, 독일어, 라틴어 등을 공부하였다. 백성욱은 1922년에 독일로 건너가 남부의 뷔르츠부르크(Wirzburg)대학 철학과에 들어가 고대 그리스어, 독일 신화사, 천주교 의식 등을 연구하였다. 그 후 1923년 가을부터 대학원에서 한스 마이어 교수의 지도를 받으면서 1924년 9월에 우주의 원리를 인간행복의 준칙으로 활용하려는 발상에서 나온 「불교순전철학(佛敎純全哲學)」이라는 논문으로 철

---

1   김광식, 「대한민국 임시정부와 불교의 민족운동」, 『한국호불교의 재조명』, 조계종 불교사회연구소, 2012, 288~293쪽.

학박사 학위를 받았다.

『동아일보』의 「동양철학 박사 백성욱 씨 귀국」이 말해주듯 그는 1925년 9월 9일 불과 27세에 철학박사가 되어 돌아왔다. 서구에서 불교를 정통으로 수학하고 돌아온 엘리트로서 그는 서울 돈암동에 무호산방이라는 거처를 마련한 후, '불교사'라는 잡지사를 운영하며 1926년부터 중앙학림의 후신인 중앙불교전문학교 강사로 불교철학을 가르쳤다.[2] 활발하게 문필 및 강연 활동을 펼치면서 전세계 불교학 1호 박사답게 백성욱은 불교계에 새로운 기운을 불러일으켰으며 한국불교를 세계적인 철학의 경지로 끌어올리는 데 크게 기여하였다.

불교사상 이론가였던 백성욱은 학교를 나온 후 1928년 불교신문사 사장으로 잠시 재직하였다. 『청춘을 불사르고』에 따르면, 김일엽은 백성욱이 불교신문사 사장으로 취임할 무렵인 1928년 초반에 그를 만났고 그로부터 7~8개월 사랑을 나누었다. 수년 전 만공 스님에게 법문을 듣고 깨달음을 얻어 불교에 관심을 갖게 되었고 1927년부터 불교사에서 발행하는 『불교』지의 문예란을 맡고 있었던 그녀는 불교신문사의 백성욱 사장을 만나기 위해 동대문 밖에 있던 신문사를 방문하게 되었다. 백성욱이 사장으로 취임한 지 며칠 안

2  『동대 70년사』, 동국대학교 출판부, 1976, 298쪽.

지난 어느 봄날 2층 사장실에서 둘이 처음 만나자마자 서로가 첫눈에 반했다고 한다.

특히 김일엽은 "선생의 고향은? 하고 묻는 당신의 그 부드럽다는 것으로도 정답다는 것으로도 표현할 수 없는 은근한 목소리는 신운으로 스며 나오는 신비성! 언제라도 내 가슴 안 영(靈)에 울리는 시처럼 아롱지며 미묘한 음악 이상으로 파동을 일으켰나이다."(「B씨에게 제1신」)라고 고백한 바 있다. 김일엽은 아래와 같이 진정한 사랑을 비로소 찾았다는 듯이 반듯한 외모에 고상한 인품을 지닌 백성욱에 정신없이 빠지고 말았다.

나의 미래 생에 눈물의 자취까지 사라져버릴 듯이 즐겁던 그것이 후일에 한량없는 눈물의 샘이 될 줄 누가 알았사오리까. 그때는 신문사 층층대를 내려오면서 기꺼운지 서러운지 모를 이상한 감동에 못 견디어 두 손을 깍지 껴서 가슴을 비비며 이것이 사랑이로구나, 사랑이로구나 하고 속으로 부르짖었던 것이외다.(「B씨에게 제1신」)

때때로 백성욱은 김일엽에게 "만주로 가서 농사지으며 수양 생활을 해볼까요?", "산중에 토굴을 파고 들어가 살다가 내가 양식을 구해오면 당신이 마중 나와 내 이마의 땀을 닦아 주는, 그런 은근한 생활을 할 생각은 없소?" 하며 둘만의 수양 생활을 제안하기도 했었다.[3] 그런 백성욱은 "살아서 이 몸도 / 죽어서 이 혼까지도" 다 바칠 만큼, "못 안아 볼 님이라서 / 가슴 홀로 울고 있고 / 못 미칠 두 팔이라 / 빈 가슴만 비벼댈 제"(「짝사랑」)라고 할 정도로 김일엽이 영육을 헌신하고 싶던 사랑의 대상이 되었던 것이다. 김일엽은 훗날 백성욱에게 "당신 같은 분을 나의 남편으로 공공연하게 세상에 내세우게 되는 그날을 얼마나 손꼽아 기다렸사오리까."(「B씨에게 제1신」)라는 말까지 하였다.

그러나 김일엽을 따뜻하게 인격적으로 대해주는 다정다감했던 백성욱은 돌연 "인연이 다해서 다시 뵈옵지 못하겠기에 (후략)"라는 내용의 편지 한 통만을 남기고 산으로 도망치듯 그녀의 곁을 떠났다. 백성욱과의 이별의 트라우마를 형상화한 작품들이 1929년 1월부터 잇달아 발표된 것을 보면 이미 1929년이 되기 전에 이별한 것으로 보인다.

교수직에서 물러나 일시적으로 불교신문사 사장을 지내다가 금강산에 들어간[4] 백성욱은 안양암에서 홀로 수도에 몰입했고 1930년에는 금강산 지장암에서 회중 수도를 8년간 계속하는 등 해방이 될 때까지 10여 년간 수행 정진하였

---

3   이철, 앞의 책, 149쪽.
4   정천구, 「백성욱 박사의 생애와 사상」, 『금강경 독송의 이론과 실제』, 보림사, 1997, 82~84쪽.

다. 그는 해방 후 내무부 장관, 동국대 총장 등을 역임했으며, 이후 한국 불교의 소의경전인 금강경 독송 모임을 이끈 재가 승려로서 많은 이의 추앙을 받았다. 백성욱의 제자 한 사람은 스승의 "인류 역사상 몸과 정신이 동시에 완전무결하게 건강했던 이는 오직 석가여래 부처님 한 분뿐이었다."는 말을 전하면서 "선생님은 금강경을 부처님으로 여기셨다."[5]고 말한 바 있다. 서정주 시인은 "한국인 중 가장 멋진 사람을 들라 하면 여성으로는 신라의 선덕여왕이고, 남성으로는 현대의 전 동국대 총장 백성욱이다."[6]라고 했다.

백성욱의 지도를 받은 바 있는 불교학 전공 교수는 여성을 존중할 줄 알았던 백성욱 박사가 한국 최초의 진정한 의미의 페미니스트였다[7]는 말도 했다. 긴 시간은 아니지만 교제하는 동안 나날이 정을 느끼고 사랑을 나누었던 김일엽은 감당할 수 없는 슬픔에 젖어 하염없이 눈물만 쏟았을 것이다. 이 당시 느꼈던 공허와 고통에 대해 훗날 김일엽은 "나는 본래 행복스러운 여자는 아니었지만 이렇듯이 심각한 비애를 느껴 본 적은 없나이다. 이제 내게는 참을 시기가 다했

---

5    김원수, 『마음을 어디로 향하고 있는가』, 김영사, 2013, 223쪽.
6    서정주, 『서정주 문학전집』 5, 일지사, 1972.
7    리영자, 「내 앞에 나타난 보살 백성욱 박사님」, 임덕규 · 정천구 외,
     『금강경 독송과 마음 바치는 법』, 백성욱연구원, 2020, 156~157쪽.

나 하나이다."(「B씨에게 제1신」)라고 처절하게 회고하기도 했다. 백성욱이 떠난 뒤로 살아갈 의미를 못 느끼고 천재적이라고 자부하던 자신의 문학적 소질까지도 스스로 무너뜨렸었다고 김일엽은 실토한 바도 있다. 갑작스런 백성욱과의 이별이 가져다 준 그녀의 당혹감, 원망, 그리움 등은 해소되지 않은 채 1932년까지 소설 「희생」, 「X씨에게」, 「애욕을 피하여」 등으로 표출되었다.

인생의 허무를 느끼던 김일엽은 33세가 되던 1928년에 발심하여 금강산 서봉암의 이성혜 은사를 모시고 입산했다가 서울 안국동에 있는 선학원에서 만공 선사로부터 수계를 받아 스님의 길로 들어서기에 이르렀다. 이처럼 백성욱이 떠남으로써 김일엽이 불법을 깊이 배울 결정적인 계기로 작용했고 그녀는 제대로 배우고자 하는 갈망을 느끼게 되었다. 그러기에 백성욱에게 편지를 써서 "당신은 나를 사랑으로 달래고 냉정으로 가르쳐서 인간을 만드는 불문에 들어오게 하신 것입니다."[8]라고 했던 것이다. 갑작스러운 그와의 이별은 아픔을 딛고 일어서는 순간 더없는 의미로 다가왔고 새로운 세계로 첫걸음을 떼어놓는 출발점이 될 수 있었다.

---

8 김일엽, 「영원히 사는 길—B씨에게 제2신」, 『청춘을 불사르고』, 김 영사, 2002, 343쪽.

돌이켜보면, 불교계의 대표적 잡지인『불교』를 발간하던 불교사에서 만난 불교 청년들에 대한 우호적인 인식과 함께 독일 유학을 마치고 귀국한 백성욱과의 만남을 통해 불교에 대해 부쩍 호의를 갖게 되었고 교리를 깨우치기 시작했다. 백성욱으로부터 개인적으로 설법을 들었을 뿐만 아니라 그의 각황사 강연에 따라가기도 했는데, 각황사는 1910년 서울 사대문 안에 최초로 건립된 사찰로서 1954년에 조계종 조계사로 바뀌었다. 백성욱은 김일엽으로 하여금 세속을 떠나 승려의 길을 걷도록 결정적인 영향을 미친 인물이다.

1929년 초반 백성욱과의 결별 직후부터『불교』발행인이었던 권상로에게 각황사에서 한문과 불교를 배웠다. 권상로는 불교계를 대표하는 승려였고 불교에 대해 해박한 지식을 갖고 있었다. 그는 1924년『불교』를 창간했으며, 만해 한용운과 함께 근대 한국 불교 개혁 운동에 앞장섰다. 권상로부터 배우는 과정에서 김일엽은 불교를 깊이 이해하게 되었다. 그래서 그는 "불법이 자신과 세계를 건질 만한 것이라고 믿었고, 나아가서는 불법을 타인에게 알려 주어야 하겠다는 생각을 간절히 하게 되었다."[9]고 하였다.

9 　김광식,「김일엽 불교의 재인식」,『제1회 김일엽 학술대회』, 김일엽 문화재단, 2015. 6, 97쪽.

한편 날로 더해 가는 연모의 정을 뿌리치고 홀연히 그녀의 곁을 떠나 금강산으로 들어간 백성욱은 맹렬히 수도에 정진하며 5년 정도를 보낸 후 서울로 돌아왔다. 그리고 입산한 지 13년쯤 되는 1941년경 가을쯤에 김일엽에게 자신이 지은 불교 철학에 관한 책 세 권과 번역한 경책 세 권을 보냈고, 다시 겨울이 되어 약 한 보따리와 우유 열 통까지 보냈다. 그 이듬해에는 감기 들 때나 기침 날 때마다 먹으라며 캐러멜 열 갑을 보냈다. 지속적으로 정성껏 선물을 보내 이제는 다 잊었다고 생각했던 그녀의 마음을 흔들어놓았다. 수도에 더욱 정진하라는 의미로 물건을 보냈다고는 하나 김일엽의 가슴은 다시 한번 뜨거워지기 시작했다.

> 　　당신 턱으로 내 이마를 비비며 꾸욱 껴안아줄 때 만족에 겹던 꿈이 되살아서 그 품에 다시 안기고 싶은 괴로움이 영원의 안도감을 기약하여 먹물 옷 속에 고요히 잠자던 내 심장을 신음소리 속으로 잦아지게 합니다. 성불의 길이 조금은 더디어도 좋아요! 당신이 웃으며 당신의 그 부드러운 손으로 어루만져주시는 즐거움을 한 번이라도 맛보여주실까 바라는 애달픈 마음은 성불(완인) 다음가는 희망일 뿐입니다.(「영원히 사는 길─B씨에게 제2신」)

　　김일엽은 백성욱의 소식을 듣고 고뇌와 기쁨이 교차되면

서 뿜어나오는 가쁜 호흡과 한숨을 억제해야 했다. 부처가 되겠다는 수도자가 "성불의 길이 조금은 더디어도 좋아요"라니, 이보다 절실한 사랑의 고백이 또 있는가? 물론 백성욱은 김일엽의 위와 같은 애절한 호소에 자신도 모르게 솟아오르는 인간적 정을 억누르면서 또다시 수련에 집중하길 바라는 편지를 보냈다. 그러나 입산수도한 지 십수 년이 지난 수행자라고는 도저히 믿을 수 없는 사랑의 열정에 휩싸이고 말았다. 아직도 남아 있는 사랑과 쉬 가시지 않는 정한을 풀어내고자 하는 김일엽의 간청과 긴장은 지속되었다.

불법에 귀의한 정신이 희미해지지 않을까 걱정스러울 정도로 밤낮으로 어른거리는 그의 모습에 김일엽은 "달만 가리켜 주시지 않고 내 눈에 황홀한, 더 빛나는 사랑의 철리는 왜 몸소 보여주셨나이까."(「B씨에게 제1신」)라고 원망을 해야 했다. 그녀는 "나는 아무래도 그 품에 한 번쯤, 단 한 번쯤이라도 안겨보고 난 후라야 비구니의 정신으로 돌아올 것만 같으니 어찌하면 좋습니까?"(영원히 사는 길-B씨에게 제2신」)라고 실토하기까지 했다. 부처님도 열반에 들기 전 "애욕은 이성에 대한 욕망보다 심한 것이 없다."고 할 만큼 인간으로서 가장 끊기 힘든 것이 남녀의 애욕이다.[10]

10  보경, 『붓다의 행복한 인생법』, 조계종출판사, 2011, 166쪽.

백성욱에 대한 김일엽의 사랑이 사소하지 않고 지극했음은 "나는 한 남자의 나머지 없는 사랑, 그 하나로 부모, 형제, 친척의 정을 대신하려 했다."(「진리를 모릅니다─나의 회상기」)라는 말에 잘 나타난다. 나이 서른이 되어 만난 마지막 연인이라 할 수 있었던 백성욱이 떠나버리자 김일엽은 극심한 충격을 받는다. 버림을 받았다는 생각에 그 비참함은 이루 말할 수 없었다. 그녀는 "원수의 칼에는 몸이나 상하지만 사랑의 손길에는 몸과 마음이 함께 상할 줄이야 누가 알았사오리까?"라고 절규하다가 끓어오르는 배신감에 "남의 생명과 같은 사랑을 장난감으로 만들어, 취하고 싶으면 취하고 버리고 싶으면 버리는 그런 폭군이 되어 버리신 것은 아니오리까?"(「B씨에게 제1신」)라고 신랄하게 공격하기도 했다. 그녀는 태양이 서산을 넘어갈 때 그림자까지 거두어 가듯이 백성욱이 자기 일체의 것을 모두 휩쓸어 가버렸다고 탄식하였다.

그럼에도 불구하고 편지글을 통해 냉정을 잃지 않고 더욱 강경하게 구애를 거절하며 참회의 기도를 하고 오도의 경지에 이르도록 정진하라고 권하는 백성욱의 태도에 마침내 김일엽은 부끄러워하며 괴로워하고 있는 자아를 발견하게 되었다. 어언 십수 년의 수도가 물거품이 될 수도 있는 위기 앞에서 맞는 깨달음의 순간이다. 이 청춘을 불사르지 못하면 생사를 초월한 영원한 청춘을 얻을 수 없다. 비로소 정신을 차리고 보니 마음이 편안해졌다. 정한이나 그리움 같은 감정은 여름 구름이 일었다 사라지는 것처럼 일시적인 현상에 지나지 않음을 그녀는 알게 되었다.

김일엽은 "다시는 내게 정을 주기를 바라지도 않고 남에게 주는 정을 바라보지도 않으렵니다. 다만 변치 않는 동지로 성불의 길을 동행하며 사업으로 서로 돕는 벗 곧 동지가 되기를 바랄 뿐입니다."(「B씨에게 제2신」)라고 고마움을 전하는 편지를 쓰게 되었다. 그녀는 '일체유심조(一切唯心造)'의 논리로 "마음을 찾지 못한 동안은 완전한 인간이 아닌 줄 알아야 한다"고 말한 백성욱과 만나면서 완인 즉 문화인의 지향 속에 새롭게 불교 교리를 터득해 나갔다. 김일엽의 불교로의 방향 전환에는 백성욱과 같은 새로운 불교 지식인의 세련된 구원 논리가 작용하고 있었다고 할 수 있다.

김일엽은 백성욱과의 결별의 충격과 아픔을 불교적 이해와 수행에 대한 도전으로 수용했다. 비록 백성욱에 대한 그리움은 남았어도 사랑에 빠져버리지 않고 그녀는 꿋꿋하게 완성된 인간을 지향해 갔던 것이다. 다시 말해 김일엽의 백성욱에 대한 깊고 간절한 사랑은 속세의 욕망을 뛰어넘어 종교에 귀의하게 하는 계기로 작용하였다. 최후의 승리자의 마지막 시련이 사랑의 고개를 넘는 일이라며 그녀를 그토록 그리워하던 백성욱도 구도자의 위치를 벗어나지 않기 위해 극도의 자제심을 가지려 안간힘을 썼다. 편지를 통해서도 김일엽에게 냉정한 것은 자신을 억제하려는 의지 때문이었음을 고백하였다.

백성욱은 둘의 만남이 세속적 남녀의 결합에 있는 것이 아니라 완인, 즉 부처가 되기 위한 도반의 인연이었음을 깨우쳐 준 선지식으로서 김일엽으로 하여금 성적 욕망의 집착에서 벗어나 수행 구원받도록 이끌어주는 역할을 했다. 백성욱의 가르침으로 김일엽은 '상구보리(上求菩提) 하화중생(下化衆生)'의 보살도에 정진하여 오도의 경지에 오를 수 있었고 자전적 경험을 솔직하게 고백한 글을 세상에 출간함으로써 보다 많은 중생 제도의 방편으로 사용하였다.[11]

---

11   송명희, 「김일엽의 『청춘을 불사르고』에 나타난 성적 욕망의 불교적 승화」, 『문예운동』 151, 문예운동사, 2021. 8, 138쪽.

제3부

# 청춘을 불사르고

〈김일엽 선생의 가정생활 3〉(나혜석, 1920)

# 7
# 불가에 귀의하다

---

    백성욱과 헤어지고 방황하던 김일엽은 34세가 되던 1929
년 후반 정식으로 두 번째 결혼 상대자를 만났다. 다시 말
해 그해 8월경 보성고등보통학교 교사로 재직하던 불교 청
년 하윤실과 경상북도 영천에 있는 한 사찰(은해사로 추정)에
서 결혼식을 올리고 서울 성북동에 신혼살림을 차렸다. 하
윤실은 1928년에 일본 와세다(早稻田)대학 영문과를 졸업하
고 귀국한 신진 엘리트로서 만해 한용운을 따르던 불교 청
년들이 조직한 항일 비밀결사체인 만당(卍黨)의 당원이었
다.[1] 1920년대 말에서 1930년대 초 성북동에서 잠시 생활하

---

1    김광식, 『한국근대불교사연구』, 민족사, 1996, 「부록; 한국 근대불
교 인물행적 조사록」.

던 시기 김일엽은 삼산학교 교사를 역임하기도 했고, 성북동 성라암(星羅庵)을 오가며 『청춘을 불사르고』를 썼다고도 전한다.

　김일엽은 재가승인 하윤실과 어떻게 결혼하게 되었는지를 솔직히 밝히고 있다. 즉 "여승이 될까 하는 생각도 있었으나 애욕을 여의지 못할 바에는 진실한 불신자에게 시집가서 길이 불도가 되리라는 서원을 가지자 곧 중과 결혼하게 된 것이다."[2]라고 했다. 하윤실과 결혼하게 된 더 구체적인 이유를 들어보면 백성욱의 자리를 대신하여 종교적 스승이자 배필이 될 수 있는 사람을 찾았기 때문이라는 것이었다. 그러나 하윤실은 김일엽의 불법에 대한 갈증을 채워주지 못했다.

　　불법이 어떤 것이며 어떻게 알 것인지도 모를 그 때에, 나는 불법과 사랑을 함께 가지기로 했다. 그래서 그이와 같은 불교 신자이며 그이와 같이 나를 사랑할 사람이라고 믿는 한 사람을 다시 사귀어 지내게 되었다. …(중략)… 그 때 나와 사귀던 그이는 어렸을 때는 승려였다고 하지만, 속세의 학문만 열중하여 지내던 터라 신심이 조금 있을 뿐 아주 속인이나 다름없으므로 불법에 대하여 참고될 말

2　김일엽, 「신불과 나의 가정」, 『신동아』, 1931. 12.

한마디 내게 하여주지 못했다. 다만 나를 지극히 사랑할 뿐 정신적 도움은 별로 없는 그런 사람이었다.(「진리를 모릅니다-나의 회상기」)

김일엽이 "내가 그래도 요만치나마 육체와 정신이 함께 안정을 얻게 된 것이 이상하게도 요행스럽게도 생각되는 것이다."[3]라고 술회한 바 있다. 그녀는 하윤실과의 결혼을 통해 생활의 안정과 불법의 수행이라는 목적을 동시에 달성할 수 있을 것이라 믿었으며 어느 정도 가능했다고 본다. 하지만 그와 사랑해서 결혼했다기보다는 백성욱이 떠난 빈자리를 채우기 위한 외로움에서 결행한 결혼생활은 그녀를 충족시킬 수 없었다.

무엇보다 백성욱으로부터 배우고 깨달음을 얻었던 불교적 가르침을 하윤실에게 기대하기란 어려웠다. "우주에 꽉 들어찬 불교 진리를 알고 싶은 생각이 용솟음을 치건만 중이라는 남편에게 원만한 해답을 들을 수 없는 것이 유감일 뿐이다."(「신불과 나의 가정」)라고 토로하던 그녀는 불교에 대한 독서와 강연에 전념하며 불법적 성장의 기회로 삼았다. 이 무렵 그녀의 불교의 본질에 대한 이해가 극히 심화되었

---

3   김일엽, 「가을 소리를 들으면서」, 『삼천리』, 1931. 10.

다. 1928년 9월에 조선불교 여자청년회에 발기인으로 가입했고, 1931년 가을쯤에는 조선불교 여자청년회의 문교부장으로서 활동했으며,[4] 그 무렵 불법을 널리 알리고 싶은 충동이 강렬하게 일기도 했다.

> 아아! 나는 예수교에서도 불만에 못 이겨 뛰어 나왔고 사회주의에도 모순을 느끼고 물리쳐버리고 나중에 자기 스스로까지 내어버리려던 위험천만인 찰나에 아슬아슬하게도 부처님의 부르시는 그윽한 소리를 들었던 것이다.[5]

김일엽은 부처님의 부름을 듣고 기쁨에 넘쳐 산 위에 올라 "나는 행복을 얻었다"고 천하가 울리게 부르짖고 싶었다고 실토한 바 있다. 불법을 얻은 것에 만족하고 수많은 사람들에게 불법을 자랑하고 싶어 했던 그녀의 생각이 흥미롭기까지 하다. 김일엽이 일체의 세속적 욕망에서 벗어나 본격적으로 신앙생활에 몰두하게 된 것은 1932년 전후로 추측된다. 그녀는 1932년을 기점으로 인간적 사랑에 대한 관심이나 육욕적 집착의 번뇌를 끊고 죽음의 고(苦)로부터 벗어

---

4 「전위 여성단체 방문기, 불교여자청년회의 진형」, 『삼천리』 3권 12호, 1931. 12, 12쪽.
5 김일엽, 「불청원(佛靑員)의 일인(壹人)으로」, 『불청운동』, 조선불교청년총동맹, 1931. 12.

나고자 하는 종교적 염원을 갈구하고 있다.

이러한 구도자적 신념은 1932년 발표한 소설 「애욕을 피하야」와 수필 「애욕이 낳은 비극」, 1933년에 발표한 수필 「또 한 해를 보내며」 등 일련의 산문에서 잘 드러난다. 불법과 사랑을 모두 소유하려 했던 욕망과 혼돈에서 탈피하여 인간의 덧없는 열정과 이상에 대한 단절을 이야기한다. 세속적 욕망의 무상함을 논하며, 우매와 무지에서 벗어나 깨달음의 길로 나아가야 한다는 불교적 인식을 보여주고 있다. 그녀는 1932년 신년감상 수필을 통해서는 미혹한 여인이었음을 참회하면서 불교 관련 잡지와 불서를 열심히 읽는 가운데 불교 교리의 심오함을 깨달았다[6]고 고백했다.

1932년 봄에는 김일엽이 불교중앙청년총동맹의 중앙집행위원으로서 활동한 것으로 나타나기도 한다. 그리고 1932년 초반에 김일엽은 남편이 있는 부인임을 드러내면서 불교 신도로서의 정체성을 자각하는 글을 세상에 내놓았다(「신불과 나의 가정」). 『매일신보』 기사에 따르면 김일엽이 1933년 정월 각황사에서 열린 부처의 성도 기념 대중강연에 김태흡, 정봉윤과 함께 나섰음을 볼 때 불법에 대한 확신을 갖고

---

6    김일엽, 「여신도로서의 신년감상」, 『불교』, 불교사, 1932.

대중에게 전달하겠다는 자신이 선 것으로 보인다.[7]

그녀가 한동안 하윤실과의 결혼생활에 적응하는 것처럼 보였으나 정신적 깨달음과 평안을 주지 못하는 엘리트 승려 출신 남편과의 불안한 공존은 오래가지 못하고 이별을 맞게 되었다. 1933년이 되어 드디어 김일엽은 하윤실과 이혼을 하고 진정한 자아와 완전한 인간 회복을 위해 본격적인 입산수도의 길을 선택하기에 이른다. 많은 남자들과 만나고 헤어지는 고단하고 험난한 인생역정을 거치면서 살아온 김일엽은 다시 가정을 박차고 나왔으며, 이번에는 아예 비구니가 되기로 굳게 작정하고 움직였다. 결혼생활과 불교적 수행이 양립할 수 없음을 깨닫게 된 것이다.

지속되는 허무, 끊임없는 번뇌 등 해소되지 않는 인생 문제에 대한 고민이 한계에 이르렀던 김일엽에게 불교에의 귀의는 당연한 수순이었다. 김일엽의 출가 요인이 그녀의 제자에 의해 3가지로 요약된 바도 있다. 즉, 첫째 무상에 대한 철저한 인식과 그것의 해결을 통해 대 자유의 길로 나아가려는 탐색과 명상, 둘째 만공 큰스님과의 인연으로 역사와 인생에서 선지식 한 분의 역할이 얼마나 중요한가를 인지,

---

7    김광식, 「김일엽 불교의 재인식」, 『제1회 김일엽 학술대회』, 김일엽 문화재단, 2015. 6, 107쪽.

셋째, 다생(多生) 겁래(劫來) 동안 닦아온 수행의 결과[8]라는 것이다.

그녀가 입산한 것은 현실 도피가 아니라 적극적으로 삶을 이어나가기 위해서였다. 김일엽이 세속적 욕망의 허무함을 언급하며, 여성운동가들 활동의 무의미함을 지적하는 등은 불교 수행자로서 취할 자연스러운 언행이라 할 수 있다. 열정을 바쳤던 개인의 사랑이나 여성운동 같은 것은 진리와는 먼 순간적 가치에 지나지 않았다. 그녀는 완전한 인간이 누릴 수 있는 영원한 사랑, 영원한 청춘 등 거대한 인간의 삶에 끊임없이 매달렸다. 인생 문제만 해결되면 모든 문제는 해결된다고 보았다. 이에 세속에서도 인생의 문제에 접근할 수는 있으나 해결에 이르기는 어려워 불문에 들어섰음을 명료하게 말한 바 있다.

> 인생이 되는 첩경은 입산수도 생활이다. 세속에서도 하지 못하는 것은 아니지만 세속에서 하는 일은 더운 물방울로 얼음을 녹이려는 것이요, 중이 되는 것은 얼음 덩어리를 뜨거운 가마솥에 넣어 녹이는 것 같은 일이다.(「눈물과 인생과 행복과―」)

---

8  경완, 「일엽선사의 출가와 수행」, 『한국 비구니의 수행과 삶』, 예문 서원, 2007, 233~234쪽.

김일엽은 33세가 되던 1928년 초여름에 만공 선사가 주석하고 있던 금강산 마하연에 입산하였고, 서봉암에서 이성혜 비구니를 은사로 삭발하였다. 그해 7월 15일 마하연의 본사인 표훈사 신림암에서 하안거 수행을 했고, 10월 15일 서울 종로구 안국동에 있는 선학원에서 법사인 만공에게 득도하고 수계를 받음으로써 승려의 길로 들어서기에 이르렀다. 1929년에 강원도 내금강 마하실 선원에서 수도에 정진하다가 1931년에 다시 상경하여 만공 법하에 안거하였다.

김일엽은 몇 년 후 38세가 되던 1933년 6월 마하연 선원에서 만공 법사의 지도를 받아 출가한 것으로 보며, 신림암의 이성혜 은사로부터 '하엽(荷葉)'이라는 법명을 받았다. 그리고 그해 9월 덕숭산 수덕사 견성암에서 포교에 전력을 기울여온 만공 선사의 문하로 들어가 안착한 것으로 추정되는데, 당시 잡지에 "충남 예산 수덕사에서 수행" 중이라는 기사가 게재된 바 있다.[9]

하윤실과 이혼하고 출가를 결행하던 김일엽은 수개월 동안 참선을 위해 사찰을 순례한 바 있다. "세상 사람이 다 나를 잃어버린 줄도 모르는 것은 불이 무엇인지 알아볼 생각조차 아니하기 때문이오."(「만공 대화상을 추모하며─15주 기일

---

9    「김일엽 여사의 불문입(佛門入)」, 『삼천리』 5권 9호, 1933. 9.

을 맞으며,)라는 비판과 함께 새로운 길을 가기로 마음먹은 김일엽은 직지사, 서봉암, 마하연 등을 떠돌며 수행을 해나 갔다. 김일엽의 출가가 축적된 관심과 강렬한 열망에서 이 루어졌듯이 불교 수행의 기초 현장인 사찰의 순례는 당연한 것이었다.

김일엽이 경북 김천의 직지사를 맨 처음 순례지 곧 안거 수행처로 삼은 것은 당시 선학원 창립에 관여하고 입승 소 임을 보면서 참선 수행을 견인했던 직지사의 이탄옹 선승과 의 인연으로 본다. 이는 나중에 직지사를 찾아 왔던 김일엽 의 아들 김태신의 저술 기록이 잘 설명해준다.

> 너의 어머니에게 비구니계를 내려준 사람은 만공이지
> 만, 너의 어머니 머리를 처음 깎아준 사람은 나였다. 내
> 법문을 듣고 발심하여 출가를 결심한 것이니 삭발을 해준
> 인연도 작은 것은 아니지.[10]

이탄옹 스님은 김봉율 아버지를 찾아 직지사를 찾아온 중 학교 2학년의 김태신에게 위와 같은 말을 한 것인데, 이를 보면 김일엽의 머리를 깎아주고 출가 결심의 동기를 부여 한 승려는 직지사의 이탄옹이었음을 알 수 있다. 출가 당시

---

10 김태신, 『라훌라의 사모곡』(상), 한길사, 1991, 142쪽.

마지막 문학작품으로서 1933년 12월『신여성』에 실린「시계소리를 들으면서」가 '직지사 여선방'에서 쓴 것으로 되어 있듯이 직지사에는 비구니 선원이 있었음을 짐작하게 된다. 김일엽은 수덕사로 자신을 찾아온 아들을 데리고 직지사로 가서 주지인 김봉율 스님에게 맡겼는데, 이는 자신의 출가 동기를 제공했던 이탄옹이 직지사의 조실이었기 때문이다. 김태신은 김봉율을 양아버지로 받아들였고, 1988년 이탄옹의 상좌였던 직지사의 관응 스님을 은사로 출가하여 일당(日堂)으로 불렸다.

김일엽의 순례 시기 만공은 참선 수행의 도량으로 유명한 금강산 마하연 선원에서 후학을 가르치고 있었다. 1932년 이전 10여 년간이나 문을 닫고 있던 마하연 선원은 표훈사 출신의 이화응 스님이 주지로 부임하여 중창되고 크게 번영하였다. 이화응 스님은 만공 선사를 초청하여 선수행자를 지도하고 원만하게 동안거 수행을 마쳤다. 마하연 선원은 출가자와 재가자가 함께 참선 정진할 수 있는 특별한 곳으로서 널리 알려졌으며 만공 선사가 종주로 있었음에 더욱 유명해졌다. 때문에 이탄옹 스님이 출가를 위해 찾아온 김일엽을 마하연 선원으로 보냈으리라 추정하기도 한다.[11]

11   김광식,「김일엽 불교의 재인식」,『제1회 김일엽 학술대회』, 김일엽

만공 선사는 14세에 근대 조선 불교를 중흥시킨 경허 스님을 만나 가르침을 받고 26세에 선에 몰입할 것을 요청받았으며 34세에 만공이라는 호를 받음과 함께 조선불교의 법통을 이어갈 인물로 인정받았다. 1905년부터 만공은 1946년 입적할 때까지 덕숭 산문을 중심으로 한국불교의 정체성을 확립하였다.[12]

만공은 일제 침략과 불교 쇠퇴라는 위난에 맞서 한국 불교 중흥의 기반을 닦은 선승이자 경허에 이어 간화선을 핵심으로 하는 한국 불교의 수행법을 현대적으로 확립한 큰 스님이다. 오늘날 불교계의 중진 인물이 다 스님의 제자나 후배라고 할 수 있다.

1934년 봄이 되어 김일엽은 수덕사의 만공 스님으로부터 "하엽당(荷葉堂) 백련(白蓮) 도엽(道葉) 비구니(比丘尼)"라는 당호 및 도호와 함께 "일엽이 연꽃처럼 되었고 성품도 백련과 같으니 도를 이루는 비구니가 되었도다."[13]라는 법문을 하사받는다. 이로써 김일엽은 진정한 수행자의 길로 접어든다. 김일엽이 회고록『청춘을 불사르고』에서 유일하게 '스

문화재단, 2015. 6, 116쪽.

12 「만공 월면 대선사 행장」,『한국불교학』22, 한국불교학회, 1997년 봄.

13 수덕사 환희대 편,『일엽선문』, 문화사랑, 2001, 270쪽.

승'이라는 호칭을 쓰면서 비중 있게 다룬 불교계 인사도 만공 선사라 할 수 있다. 김일엽은 불교가 남성 승려 중심으로 유지되는 종교라는 사실을 잘 알고 있었지만, 만공 선사의 선수행과 대중포교를 계기로 여성 승려로서 자신의 위치가 확보될 수 있다고 판단했다.[14]

김일엽의 입산에는 세속화한 각황사(조계사 전신) 중심의 불교 세력에 대한 비판의식이 고조되고 이에 대한 대안으로서 만공을 중심으로 한 덕숭 산문의 간화선 전통이 크게 부각된 시대적 상황이 개입되어 있다. 이후 김일엽은 "성품이 백련꽃같이 되어 세속에 물들지 않게 될 때까지 덕숭산 밖으로 내려가지 말라[性若白蓮後始之出山]"고 했던 만공 선사의 유지에 따라 말년에 이르기까지 엄격하게 수도에만 전념하여 많은 학인들의 존경을 받게 되었다. 특히 견성암 입승직을 맡아서는 30년 동안 한 번도 산문을 나가지 않고 장좌불와를 지킬 만큼 용맹정진하였다.[15]

구도자의 길을 가며 넘기 힘든 것 중의 하나이기도 한 세속의 가족 문제에 직면하여 그녀가 취한 행동을 보아도 예

---

14  장영은, 「김일엽이 이야기하는 김일엽」, 『문학과 사회』 134, 문학과 지성사, 2021년 여름호, 102쪽.

15  김법장, 「선문집의 발간을 축하드리며」, 수덕사 환희대 편, 앞의 책, 7쪽.

사가 아니다. 김일엽의 유일한 혈육으로 남아 있는 아들은 아킬레스건과 같은 것이었는데, 입산 후 1년쯤 되는 봄날 14년 전 일본에서 낳은 오타 마사오가 수덕사로 찾아와 어머니 무릎에 엎어져 오열했다. 당황한 그녀는 장삼 자락으로 흘러내리는 눈물을 닦아내며 결의에 찬 어조로 말했다. "울음을 그쳐라! 여기는 산중의 절이다. 로마에 가면 로마법을 따라야 한다는 말이 있다. 너는 절에 왔으니 절 풍속과 예절을 지켜야 하는 것이다. 우선 나에게 다시는 '어머니'라는 말을 해서는 안 된다. 알겠느냐?"[16]라고 냉정한 목소리로 말했다.

온전한 젊음과 사랑을 되찾고, 진정한 자아를 회복하며 완전한 인간에 도달하기 위해 그녀는 출가를 할 수밖에 없었다. 많은 사람들이 사랑에 실패하고 불교로 도피했다고 수군거릴 때도 김일엽은 실소하지 않을 수 없었다. "사랑에 지쳐서 중이 되었다니 그것은 사랑 때문에 인생을 버렸다는 말이다. 나는 사랑의 근본을 알아 사랑할 줄 아는 사람이 되려고 중이 되었다."[17]라며 자신이 불가에 입문하게 된 이유를 분명히 설명했다. 김일엽은, 인간은 청춘 시절 지녔던 마

---

16  일당스님, 『어머니 당신이 그립습니다』(1), 문학과 의식, 2002, 98쪽.
17  수덕사 환희대 편, 앞의 책, 2001, 208쪽.

음을 늙어서까지 가지고 살고 죽어도 가슴에 품고 가게 된다면서 아래와 같이 말한 바 있다.

> 죽어도 살아도 사라지지 않는 청춘! 사를 수 없는 이 청춘이언만, 그래도 불사를 수 있는 법을 배우는 내가 아닙니까? 아무래도 이 청춘을 사르지 못하면 생사를 초월한 영원한 청춘을 얻을 길은 없습니다.(「영원히 사는 길-B씨에게 제2신」)

김일엽은 세속적인 청춘을 남김없이 불살라버려야 늙음과 죽음이 없는 영원한 청춘을 얻을 수 있음을 깨닫고 『청춘을 불사르고』라는 책까지 세상에 내놓게 되었다고 고백하였다. 그녀는 다시 불문에 들어서게 된 배경을 밝히면서 "불법은 현실적이요 증명적이다. 현실에서 증명되지 않는 것을 이 다음은 누가 보증할 것인가?"(「이 책을 내는 까닭」)라고 한 바 있다. 김일엽은 삶의 절대적인 희망과 소원이 자유와 평안임을 일찍이 간파하였고, 그에 따라 그녀가 택한 입산 수도의 진화는 완전한 인간으로서 만년 청춘을 누리기 위한 역설적인 방책이었다.

김일엽은 법사, 은사의 가르침을 받아 참선 수행에 나섰다. 금강산 마하연 수행을 마친 후 1934년 11월경에는 서울 선학원의 여자 선원에서 정진하고 있었다. 김일엽은 "부처님은 저에게 모든 것을 다 주셨습니다. 평화와 안식과 용기를. 저는 이제 완전히 구제되었습니다."[18]라고 하면서 출가하여 오롯이 참선 정진하는 승려가 되었음을 알렸다. 1935년 8월경까지 서울 선학원 선원에 머물며 수행하는 가운데 1935년 3월 7~8일 선학원에서 열린 조선 불교 선종의 수좌대회에 참가하기도 했다. 그 대회 회록을 보면 김일엽은 '김하엽(金荷葉)'이라는 이름으로 참가했는데 출신 사찰은 표훈사로 나온다.[19]

1935년 7월 표훈사에서 보살계와 비구니계를 동시에 수계하는 승려가 되었다. 당시 김일엽은 서울 선학원을 떠나 해인사, 통도사로 가서 수행하고 싶은 의사를 밝히기도 했다. 그 후 김일엽은 '세속에 물들지 않을 때까지 산문을 나서지 말라'는 만공 선사와의 수계에 따라 충남 예산의 덕숭산에 있는 수덕사 견성암에서 오직 수도에만 전념했다.

살펴본 바와 같이 김일엽은 출가 후 1933년 9월 수덕사에 정착한 뒤 그해 겨울부터 1935년까지 직지사, 서봉암, 마하연, 서울 선학원 등을 순례하며 수행 정진한 것으로 보인다.

18  김일엽, 「불도를 닦으며」, 『삼천리』, 1935. 1.
19  김광식, 「김일엽 불교의 재인식」, 『제1회 김일엽 학술대회』, 김일엽 문화재단, 2015. 6, 118쪽.

안국동 여자 선학원에서 수행할 때인 1934년 11월 일간신문에「한때는 유일한 여류작가, 고행의 여승 김일엽 여사 방문기」[20]라는 인터뷰 기사와 함께 삭발하고 장삼을 입은 김일엽의 사진이 실리기도 했다. 그리고 1935년 초 불문 귀의와 관련하여『개벽』,『삼천리』등의 잡지와 인터뷰하거나 기고하고 있으며, 이후 수덕사로 다시 돌아와 수도에 전념하면서 세인들의 관심에서 멀어졌다.

김일엽의 불가 귀의는 현실의 삶에서 극적으로 이루어진 즉흥적인 것이 아니었다. 속세에서 인생 문제의 해결이 주요 관건이었듯이 불교 입문도 뿌리 깊은 관심과 오랜 체험에서 얻은 것이었다. 그녀를 힘겹게 누르는 인생의 무거운 고통과 그 속에서 결코 짓눌릴 수 없이 솟구치는 생명에의 의지는 어쩔 수 없었다. 따라서 입산 출가가 스캔들로 소비되거나 도피적 행위로 치부되어버려서는 결코 안 된다.

> 몸으로 구속할 이도 있지 않고 마음마저 자유의 여인인 나는 해볼 것은 다 해보았다는 생각이었다. 그러나 좋은 것, 좋은 것 하지만 그 반면은 언짢은 것이다. 비로소 가지고 싶은 것, 하고자 하는 바를 다 해봐도 만족은 없다는 것을 알았다.(「이 책을 내는 까닭」)

20 『조선중앙일보』, 1934. 11. 8.

위와 같이 그녀가 불교를 선택한 것은 진정한 자유인이 되고자 했기 때문이다. 많은 사람과 만나고 헤어짐도 마찬가지로 자유를 위한 과정이었던 것이다. "나는 모든 것을 갖고자 했지만, 결국 아무것도 갖지 못했다."고 고백하듯이 자유를 통해 구원을 얻고자 했던 그녀의 열망은 지속되었고 비구니의 길로 들어서면서 어느 정도 충족되었을 것이다.

# *8*
# 참된 자아를 찾고자 하다

---

김일엽이 출가 후 몇 년이 지나 한 잡지를 통해 자신의 불교 입문에 대해 밝혔는데, 거기에 실린 글의 제목은 「삭발하고 장삼 입은 김일엽 여사의 회견기」[1]였다. 일엽은 이 인터뷰 기사에서 자기 해방과 구원을 위한 현실에서의 여성운동에 한계를 느꼈다고 회고하면서, 진정한 자아를 실현하기 위해 불문에 들어서게 되었다는 요지의 말을 했다.

인간이 종교에 들어서는 목적은 나를 알아 얻는 법을 배워 인간이 되려는 것이라고 한다. "세상을 버리고 산에 들어와서 하는 공부는 '먼저 살고 보자!'는 것이다."(「진리를 모릅니다-나의 회상기」)라고 말한 김일엽의 고백은 무엇을 의미

---

1  『개벽』 신간 제3호, 1935. 1. 1.

김일엽, 완전한 인간이 되고자 두 길을 가다

하는가. 그녀는 평생을 인간으로서의 자신의 문제를 떠나지 않았다. 현재의 자아를 벗어나 사심이 없고 부족함이 없는 참된 자아, 즉 진아(眞我)를 찾아 완전한 인간이 되고자 치열하게 노력하였다.

김일엽은 자신의 인격과 이상을 위한 신념에 따라 하윤실과 이혼을 하고 새로운 출발을 선언하였다. 찾아가야 할 길을 안다는 용기를 가다듬어 세간의 비난을 무릅쓰고 과감히 나아갔다. '진아'를 찾아가는 데에는 두려움과 거침이 없을 정도로 맹렬했다. 스승으로 모셨던 만공 선사가 "인간이 가장 귀한 의미가 바로 '나'를 찾는 데 있다."[2]고 말했듯이 김일엽은 '내가 잃어버린 나를 찾아 내 생활을 하는' 데에 인간의 의의가 있는 것으로 판단했다.

그녀는 불교 입문의 동기가 인간의 존재 가치를 알고 자유롭고 진정한 자아를 찾기 위한 것이었음을 명백히 드러냈다. "나는 입산하여 인간이 가장 귀한 점, 곧 존재적 가치 표준을 인간에게 두게 된 까닭을 알았습니다. 인간은 내 마음대로 하는 나를 이루어야 비로소 가장 귀한 인간이 되는 것을 알았습니다."(무심을 배우는 길) 나를 내가 쓸 수 없는데

---

2  만공, 부록: 遺語 第一, 「나를 찾아야 할 필요와 나」, 『만공어록』, 한국불교학회, 1997, 107쪽.

자유로운 내가 있을 수 없다는 것을 일찍이 몰랐던 사실에 부끄러워하면서 그녀는 내 것이 아니면 내가 못 쓴다는 것은 상식임을 강조한 바도 있다.

김일엽은 결국 인간이 가장 소중하고, 그런 인간이 되기 위해서 자아가 자유로워야 함을 가르쳐주는 것이 불교임을 깊이 인식하게 되었다. 더구나 경허 선사로부터 만공을 거쳐 내려오는 덕숭 산문의 선불교는 지식이나 언어에 대한 집착에서 벗어나 인간의 실천적 자아 형성을 중시했다. 쉽게 말해 번거로운 경전을 배우는 단계와 절차가 복잡한 예법이나 계율들을 건너뛰어 곧바로 선정만 닦으면 부처의 깨달음에 이를 수 있다는 것이 선불교이다. 어떤 제도나 이념으로서 인간을 파악하거나 구속하는 것이 아니라 인간이 사상을 만들어가는 주체적인 자기 형성의 자유를 강조하는 것이다. 부처가 설산에서 6년간 좌부동했고 예수는 광야에서 40일 금식하는 모범을 보였듯이, 전체적 정신이요 만능의 본신인 '나'를 찾아 언제 어디서 무엇을 하든지 안심하고 평화로울 수 있도록 정진해야 했다.

모든 믿을 수 없는 것들과 불완전한 자아로부터 탈피하려는 부단한 사고와 수련 속에 어느덧 깨우침의 순간을 맞게 되었다. 이제 진정한 청춘을 회복하고 사랑의 근본도 헤아릴 수 있을 정도의 법도에 다가서게 된 것이다. 범인으로서 누구를 사랑하고 위하는 내면에는 자신의 이욕이 숨어 있는 세상이다. 김일엽은 세속 나이 68세가 되어 『청춘을 불사르고』를 통해 자신의 삶에서 크게 비중을 차지했던 '사랑'을 반복해서 언급하였다. 다만 결혼했던 이노익과 하윤실에 대해서는 별다른 애정을 나타내지 않고 오히려 백성욱과 임장화에 대한 사랑을 서술하고 있음에 주목할 수 있다.

백성욱이 말했듯이 육체와 정신을 아울러 길러가는 공부를 '정진'이라 볼 때 정열적인 개인의 사랑으로도 우주적인 사랑을 기울일 수 있는 것이다. 백성욱은 우리가 환갑노인이라 해도 청춘과 같은 정열과 힘을 인류애와 중생에 대한 자비로 써야 한다(「영원히 사는 길—B씨에게 제2신」)고 말하기도 했다. 물론 김일엽은 장차 원수가 될 수도 있는 상대적인 사랑을 뛰어넘는 대아적 사랑을 바로 사랑의 극치로 보았다. 그녀가 가치 있게 생각했던 것은 비인간적 제도나 관습보다 인격에 기반한 감성과 사랑이었으며, 더 나아가 그녀가 진정 추구했던 것은 진아의 발견이었음을 짐작하게 하는 대목이다.

나 역시 사랑에 치우쳤기 때문에 내 일생에서 제일 기쁘고 가장 슬펐던 일이 사랑, 그 일 때문이었다. …(중략)… 그러나 사랑도 변하고 마음도 달라지는 일을 짐작

도 못한 나였다. 다만 다 버려서 다 얻을 절대적인 사랑을
찾으려고 헤맸을 뿐이었다.(『진리를 모릅니다―나의 회상기』)

백성욱이 떠난 뒤 김일엽은 곰곰이 생각했다. "사랑은 내
마음에 있고 내 마음은 어디에나 붙이기에 달려 있다. 무엇
에게나 어디에나 내 마음을 붙여 사랑할 수 있다." 이렇게
마음을 다잡으며 기꺼이 그와의 인연을 접어야 했다. "다 버
려서 다 얻을 절대적인 사랑"을 좇아 방황했다는 김일엽의
고백은 그녀가 지향했던 '진아' 찾기의 구도적 과정을 설명
하는 것으로 이해된다. 남녀 간의 상대적인 사랑 같은 것이
영원한 진리일 수 없음을 자각한 김일엽은 미련 없이 속된
현실을 떠날 수 있었고 흔쾌히 불교의 길로 들어서게 됨으
로써 비로소 자신을 구원하는 꿈에 다가갈 수 있었다.

소아적인 현실을 남김없이 버려야 우주 자체화한 완전한
나를 얻을 수 있음은 자명한 이치다. 여성으로서의 욕망에
충실하고자 했던 해방의 논리가 오히려 자신을 혼란하게 하
고 절망에 빠뜨리는 경험 속에서 그녀는 이욕으로서의 '나'
라는 자아를 무화시키는 선불교적 실천을 통해서 자신의 삶
을 새롭게 변화시키고자 했던 것이다.

백성욱과 헤어진 후 불교적인 수행을 쌓아 나가면서도 세
속적 삶과의 인연으로 번민하고 있던 김일엽에게 결정적 영

향을 미친 것은 만공 스님이었다. 만공 선사는 절대 자유를 지닌 진아(眞我)로서 모든 것을 내 마음대로 자재할 수 있어야 함에도 불구하고 인간들이 어느 때 어느 곳에서도 자유가 없고 무엇 하나 뜻대로 이루지 못하는 이유를 망아(忘我) 때문으로 보았다. 만공은 '나를 찾을 필요와 나'라든가 '나를 찾는 법' 등의 법문을 통해 망아 대신 진아를 찾을 것을 강조하였다. 만공이 말하는 진아란 업신(=혼)과 육신이 합치된 상태의 법신에 해당한다.

즉 육신인 이 몸은 생명의 의복으로 언제나 갈아입어야 하는데 업신인 혼은 습기의 뭉치로 된 물체이므로 결국 그 이전 단계의 법신이 참 생명에 해당한다는 것이다. 따라서 '나'는 육신과 업신을 여읜 후에 얻어지는 법신이 아니라 육신과 업신의 중생으로 언제 어디서든지 육신과 업신이 합일한 상태의 법신이며, 본래 갖추어진 '나'를 현재와 단절된 의미의 미래에서 얻는 것이 아니라 본래 갖추어진 '나'를 시간적·공간적으로 해당 그 시점에서 수행을 전제로 증득하게 되는 것[3]이다. 곧 법신이란 의식하기 전의 본마음으로 의식 작용의 본체이자 진리라 할 수 있다.

---

3 황정수, 「경허 만공의 선사상 연구」, 동국대학교 박사학위 논문, 1999, 128~129쪽.

인간으로 태어난 자신의 존재는 우주적 은혜임을 깨닫고 살아가야 할 만큼 '인간'과 '나'는 김일엽 생애를 관통하는 핵심적 과제였다. 인생이 가장 귀하다는 것은 내가 내 생활을 하는 데 있는데, 이 세상 사람은 행동은 하면서도 행동하게 하는 자신을 모르니 짐승이나 다름없이 식색(食色)에만 매달려 하등적 생활을 하는 것이라 만공은 말했다. 그녀는 만공 스승의 가르침대로 인간이 가장 귀한 이유가 '진아'를 발견하는 데 있다고 확신했다. 즉 생의 목적을 '나'를 찾아 사람이 되려는 데 두어야 한다고 전제하고, '나'만 이루면, 곧 인간만 되면 나의 전체적인 정신력으로 상상할 수 있는 일은 모두 마음대로 할 수 있다고 주장했다.

김일엽은 평생에 걸쳐 온전한 자기 해방과 인간 구원이라는 과제를 놓고 지속적으로 사고하고 실천했다. 김일엽이 불교에 귀의하게 된 것도 인간 존재의 물음에 대한 해결과 자아의 발견 및 확립을 모색하기 위한 것이었다. 곧 자신의 해방과 구원은 그녀의 이상에서 생활에 이르는 삶 전체의 핵심적인 주제가 되었다. 더구나 전통적인 관습이나 제도와 싸우면서 자유를 획득해 나가야 하는 근대적 주체로서의 그녀는 궁극적으로 자아의 해방과 구원을 염원할 수밖에 없었다.

김일엽이 하루는 좋은 생각이 나서 「자성(自性)」이라는 시조를 지어 만공 스님에게로 찾아갔다. 스승은 시조를 받아 보고는 별말 없이 한 구절 넣어야겠다고만 하였다. 스님이 입적한 다음 해, 즉 참선 10년 되던 해에 그 시조 끝 구절을 고쳐보았다.

> 내가 나를 버려두고
> 남만 찾아 헤맸노라
> 사람과 그 말소리
> 서로 못 봄 같아서야
> 뵐 모습 없사옵건만
> 기거자재하여라

김일엽은 처음 지었던 시조의 끝 구절 "여윌 길이 없어라"를 "기거자재(起擧自在) 하여라"로 고쳐 다시 지으면서 스승으로부터 얻은 도리를 깊이 음미하게 되었다. 세상에 이리저리 휘둘리며 살아가는 범인의 삶이 무의미하게 느껴지는 순간, '진정한 나'를 좇으려는 결단이 이어졌다. 스스로의 깨달음으로만 얻을 수 있다는 '진아' 찾기는 최선을 다해 인생의 주인으로 살고자 했던 그녀에게 가장 적절한 구도의 자세였을 것이다. 그리고 '참된 나', 즉 진아의 획득을 역설했던 만공 선사의 가르침에 대해 김일엽은 다음과 같이 진지하게 회상한 바 있다. 오로지 나만이 일체 존재의 뿌리가 될 수 있으며, 변화를 되풀이하는 세상의 모든 현상은 정신에 의해 좌우되고, '무'는 '유'의 본질이므로 일체의 '무'를 얻은 마음이라야 환경에 흔들리지 않고 감정에 휩쓸리지 않음을 그녀는 잘 알았다.

> 나와 스님과 부처님, 모든 인간과 비인간인 선악의 여러 신과 동물 무정물이 현실계에서는 각개적 존재이지만 정신으로는 오직 '나' 하나뿐이므로 정신은 일체 존재의 뿌리이다. …(중략)… 일체를 '나'로 화하는 법은 오직 성성한 무념처가 나의 독무대화되어야 내 몸소 일제 중생 역(役)에 능하게 된다. 무(無)만 다 얻으면 유(有)는 자연 내 것이 된다. 시공이 자체화하면 만유 곧 '나'기 때문에 만유의 생리와 기능을 임의로 발휘하게 되는 것이다.(「만공 대화상을 추모하며 – 15주 기일을 맞으며」)

이와 같이 진정한 '나'의 의미는 단순하게 개체 중심적 자아 개념을 전제로 한 '나'가 아니다. 개체적 자아를 벗어나고 우주적 대자아에 귀속시키는 개념의 '나'가 바로 진아에 해당한다. 내 생각의 시발점으로 돌아간 뒤 생각의 끝장인 무념처에 이른 다음 다시 더 나가면 만능적인 나인 진아가 발견된다. 진아는 생명의 원천인 공(空)이나 무(無)의 존재로서 절대 능력자인 창조주가 되는 것이다. 생각하게 하는

김일엽, 완전한 인간이 되고자 두 길을 가다

나이자 우주의 창조주인 공 또는 무는 마음의 마음이요 정신에 해당한다. 김일엽은 육체라는 것은 정신 또는 생명의 외피 즉 의복에 지나지 않는다고 생각했다. 그녀는 내 옷은 내가 갈아입을 줄 알아야 하며 인간 생활을 하려면 먼저 인간 정신을 회복해 써야 함을 깨닫고 있었다.

나와 정신은 둘이 아니다. 나와 정신이 상응해야 내가 내 생활을 할 수 있으며, 나와 정신이 합치된 행동을 하는 사람이 참된 인간이다. 어느 때 무슨 뜻으로, 어디서 무슨 생활을 하든지 변함없는 평안을 얻으려면 내가 내 정신으로 살아야 한다고 그녀는 생각했다. 이에 불법적 스승이라 할 수 있는 백성욱에게 보낸 글에서도 일체 존재의 근원인 정신적 주체, 곧 진아에 대한 관심을 드러냈다. 석가모니 부처님이 설산에서 공부를 마치고 고향으로 돌아가서 당신이 깨치신 최상의 도리를 49년 동안 설법하셨다는 내용을 뭉뚱그려 말하면 아래와 같다는 것이다.

결말을 지으면 우주의 정체인 동시에 나의 진면목, 곧 나를 알아 얻어서 거짓의 자아로 육도 즉 천당, 인간, 수라, 아귀, 축생, 지옥에서 헤매는 고(苦)를 벗어나 독립적인 내 생활을 하자는 것뿐이었소.(「진리를 모릅니다—나의 회상기」)

부처님은 우주의 정체이자 나의 실체인 진아를 얻는 자각과 수행이 세속적 고통을 벗어나는 불도임을 제시하였다. 육도에서 방황하는 고통을 짊어진 일시적 존재, 즉 거짓의 나로부터 탈피하는 길은 진아를 아는 깨달음밖에 없다. 나를 아는 것은 지극히 어렵지만 어느 생각이든지 하나를 붙잡고 그 정체가 무엇인지 의심하여 마침내 그 의심을 풀면 자아를 발견할 수 있다. 의심은 물이 흘러가듯 끊임이 없어야 하고 거기엔 간절함이 있어야 한다. 부처님의 제자인 아난은 나를 알지 못하면 죽어버리겠다는 마음으로 비아리성 절벽 위에 두 발을 치켜 디디고 서서 사흘 밤낮을 움직이지 않고 치밀하게 정진하여 비로소 깨달음을 얻은 것('B씨에게 제1신」)처럼 나를 알기 위해서는 목숨을 버릴 정도의 각오와 간절한 마음이 있어야 한다.

진아를 발견하고자 여념이 없었던 김일엽은 "나의 완성을 위한 지식이 바로 내 인격을 존중해줄 수 있는 것이라."('회상기」)고 생각하였고, 자아의 완성을 향한 도전과 실행이 바로 그가 가야 할 새로 사는 길이라 각성하였다. 그리하여 아래와 같이 스스로 다짐하기에 이르렀다.

나를 완성하자. 그리고 내 자아 가운데서 엄숙한 인생을 창조하자, 나를 자위할 만한 이쁜 이상을 찾고 내 인격을 존중히 해줄 지식을 닦거라. 그리고 내 감정을 보드랍게 해줄 꽃다운 정서를 기르자. 지금 내게 대하여는 인생의 외형은 아무 가치도 없다. 사람의 안목을 어둡게 하는 금전이며 명예며 지위는 일문의 가치가 없다.[4]

새롭게 결심한 만큼 김일엽은 이제 기존의 구습, 관행, 명예 등의 세속적 가치에서 탈출하는 것이 당연하다고 판단했다. 그리고 자유를 선언한 대로 출가를 단행함은 자연스러운 수순이었다. 스스로 원하는 불교 수행을 통한 자기의 완성, 인생의 창조를 향하여 김일엽은 결연히 나아갔다. 어디서 무엇을 하든 진아를 찾아가는 도정에는 거침이 없었다. 더구나 거듭나는 자리로 향하는 그녀의 구도적 과정은 역동적일 수밖에 없었다. 후일 그녀는 "불탄 송아지같이 날뛰던 이 청춘을 불살라 버리고 영원한 청춘! 길이길이 싱싱하게 되어 시들어지지 않는 청춘을 증득하는 불법을 얻으려고 입산한 것이다."(「이 책을 내는 까닭」)라고 실토하였다.

청춘(=소아)을 불사른다 함은 유심의 인간, 곧 몸과 혼을 살라버리고 부처님이 설법한 무심, 곧 생사와 고락과 선악을 여읜 안전지대를 알아 얻은 경지를 의미한다.[5] 김일엽은

---

4  김일엽, 「일체의 세욕을 단(斷)하고」, 『삼천리』, 1934. 11.
5  유진월, 「사랑과 이별은 곧 하나이며 나와 당신 또한 하나라」, 『종교

다시 "이 중은 30년 전에 '나도 인간이 될 수 있다'는 자신을 가지고 입산하였습니다."[6]라는 말도 잊지 않았다. 소아적 자아를 소멸시키지 않으면 대아를 이루지 못하기 때문에 애달픈 모든 인정과 욕구를 버리고 출가하지 않을 수 없었던 것이다. 영원한 인생, 진정한 자아를 추구하는 김일엽의 꿈과 열정과 의지는 변함없었다.

김일엽은 완전한 인간이 될 가능성을 향해 나를 알고 내 정신을 수습해가는 공부를 해야 한다고 역설하였다. 일체 존재의 뿌리이자 생명의 원천은 하나임을 환기시켰다.

> 우리는 포기할 수는 없는 '나'를 이미 가졌으니 '나'의 근본을 알자는 말씀입니다. 그러니 이 몸 가졌을 때 이 말을 들었을 때 이 법을 알아 얻어서 놓치지 말고 잘 지닌다면 이 생의 연장이 영겁화하게 되어 필경 성불(완인)합니다.(『무심을 배우는 길』)

평범한 사람들은 마음 안에 원래부터 있는 존재인 '나'를 발견하지 못하고 산다. 내 마음의 자리를 제대로 찾지 못하고 갈 곳을 모른 채 길 한가운데 서 있는 나약한 모습이다.

인의 연애』, 192쪽.
6   수덕사 환희대 편, 앞의 책, 177쪽.

시간이 흐르면서 그녀는 '나'를 발견하는 일에 모든 것을 바치리라 결심을 하기에 이르렀다. 내가 이미 존재하는 이상 나의 근본, 즉 자아의 진정한 의미를 찾아야 함은 인간적 과제이자 숙명에 속하는 것이다. 이와 관련 김일엽은 '나'의 존재적 의의를 깨닫는 이러한 노력이 완인에 이르는 불도임을 명징하게 밝히고 있다.

그리고 '나'라고 생각하기 이전의 내가 '참나', 즉 '진아'이 듯이 모든 번뇌로부터 벗어나 진실한 자아를 발견함으로써 믿음의 승리에 이르는 과정을 담아내게 되었다. '나'를 찾아 자유인이 되는 것이 구도의 목표임을 통찰하고, 주체적 정신으로 사는 것이 완전한 인간에 이르는 여정임을 그녀는 잘 알고 있었다. 불(佛)은 우주이며 우주는 '나'이기 때문에 나를 모르는 사람은 불을 모른다고 할 수 있다. 나를 잃어버린 세상에서 나를 찾는 불법이 세워지지 않을 수 없다.

# 9

# 완인이 되기 위해 정진하다

———

김일엽은 "절대 존재를 믿는다고 소원을 이루는 것이 아니다. 불교 본래의 목적은 완인이 되려고 수도할 뿐이다."[1]라고 하였다. 김일엽이 모든 감정과 욕망을 버리고 출가하려 했던 분명한 이유가 문화인에 해당하는 완전한 인간, 즉 '완인(完人)'이 되고자 한 데 있었음을 그녀로부터 직접 들어볼 수 있다.

곡식을 심어 가꾸어서 거두기까지의 노력이 가치 있는 것이지 김을 매다 그만두거나 다 익은 후라도 거두지 않으면 중간 노력은 헛노고에 지나지 않을 것같이, 완성이 되기 전에 만족을 느껴 그만둔다면 본래 우매한 중생과

---

1    김일엽, 『당신은 나에게 무엇이 되었삽기에』, 문화사랑, 1997, 115쪽.

마찬가지로 생사고를 못 면할 것이 아니오리까? 그래서 나도 주희 씨와 같이 견성암 중이 되려 하나이다.(「B씨에게 제1신」)

　김일엽은 백성욱에게 보낸 글을 통해, 믿을 데 없고 의지할 데 없는 절망의 벼랑 끝에서 벗어나 자신을 발견하게 되는 법을 따라 온 마음과 노력을 기울이게 된 것에 감사하며 위와 같이 말한 것이다. 곡식을 심었으면 반드시 거둬들여야 하듯이 사람으로 태어났으면 완전한 인간이 되어야 한다고 믿었다. 그러기 위해 그녀는 독립된 자아를 완성하여 일거수 일투족을 우주적으로 자유로이 할 수 있을 만큼 불사에 충실하고 수도에 전념해야 한다고 여겼다. 김일엽은 기회만 되면 입산 동기가 불(佛)로 대표되는 완인이 되기 위한 것이었음을 설파하였다. 즉 "완전한 인간의 대표는 부처님이므로, 그 알아 얻은 도리, 곧 내 본정신을 알아 얻어 인간이 되어야 하겠으므로 그 제자인 중이 되는 것이다."(「눈물과 인생과 행복과 ─」)라고 말했다.

　다만 "오직 부처님이 완인의 대표요 표준적 문화인인데, 우리가 귀의하려는 것은 무슨 부처, 무슨 부처 그 이름을 가진 인간이 아니요, 그 알아 얻은 창조성을 말하는 것이다."[2]

2　수덕사 환희대 편, 앞의 책, 182쪽.

라고 한 사실에 주목할 필요가 있다. 그녀는 출가한 것을 두고도 자신은 소아적인 인간으로서 부족했기 때문에 대아적인 문화인이 되고자 했다면서 "문화인은 무에서 얻은 만능적 생각을 마음대로 쓸 수 있는 우주, 곧 일가를 이룬 인간이므로 종교적 제약의 구속도 뛰어넘고 사회적 지위도 바라지 않고 부귀에도 물들지 않아 이러한 문화인의 청정심 앞에는 생사적 무장까지 저절로 해제되는 것이다."(『일엽선문』)라고까지 말한 바 있다.

그녀가 출가하게 된 것을 두고 세상의 비난과 악소문은 점점 거세었다. 이에 대해 김일엽은 절대적인 사랑과 영원한 청춘을 회복시키려는 자신의 입장을 분명히 밝힌 바 있다. 그녀는 평생 자아를 발견하고 확립하여 완전한 인간에 도달하겠다는 과제를 잊어 본 적이 없다.

> 나의 과거를 회상할 때 나는 인생에 대한 절실한 각오를 했다. 나는 이로부터 우선 나를 완성해야만 되겠다. 이것이 나의 신생이라 한다. …(중략)… 나의 청춘을 완전한 사랑의 경지로 인도해줄 한 줄기 빛이 무한한 지평선 위를 날며 나에게 〈신생〉의 길을 가르치고 있다.(『일체의 세욕을 단(斷)하고』)

김일엽은 나이 한 살이라도 더 먹기 전에 불문에 들어가 자신의 새로운 길을 찾아야겠다는 생각을 하지 않을 수 없었다. 그녀는 일상의 생활 이전에 또는 특별한 일을 착수하기 전에 온전한 사람부터 되어야 한다는 믿음을 갖고 있었다. 그리하여 위와 같이 김일엽은 자아의 완성을 목표로 새롭게 나아가고자 하는 의지를 잘 드러내었다. 곧 완전한 나의 인생을 위해 불완전한 나의 청춘과 사랑이 속한 세속을 떠나야 한다는 결심을 여과 없이 서술하고 있는 것이다. 김일엽의 법어에 따르면, 불법은 믿음으로 종(宗)을 삼는 교(敎)가 아니고 불완전한 인간을 완성시키는 법이다.(『당신은 나에게 무엇이 되었삽기에』)

김일엽이 입산수도하게 된 이유는 결코 충동적이거나 순간적인 데 있지 않고 오랫동안 꿈꿔왔던 완인에 대한 열정 때문이었다. 무슨 마음이든지 단일화시켜 무심에 이르기만 하면 완전한 인간이 될 수 있으며, 마음이 일체화한 완인의 사랑이야말로 특정한 남녀관계를 넘어서는 절대적 사랑이 된다고 생각한 김일엽은 아래와 같은 말도 했다.

> 자아를 발견하여 시공이 자체화한 완전한 인간이 된다면 갑남을녀로만 합해서 된 사랑이라야 사랑이리요. 존재는 일체 존재가 다 내 성적(性的) 대상이 될 수 있습니다. 만일 내가 남자라면 일체 여성이 다 내 애인이요, 아내가

될 것입니다.(「무심을 배우는 길」)

전체적 정신을 체득하고 만능적 자아에 이른 완인이라야 천당, 인간, 지옥 등을 인연대로 가려 살 수 있음을 깨닫게 된 김일엽은 위와 같이 완전한 인간이 되면 일체 존재가 다 자신의 성적 대상이 될 수 있다고 주장했던 것이다. 그녀는 단순한 남녀 간의 사랑을 넘어서는 거시적인 사랑을 소망했다. 완인이 되어 사랑을 다스릴 줄 알면 사랑에 휘둘리지 않음을 깨닫게 되었다.

김일엽이 속세를 떠나게 된 입장을 밝히면서 "자기의 전체적 생명력을 회복하여 만능적인 행동력으로 내 마음대로 사는 것이 사는 것이다."(「진리를 모릅니다 – 나의 회상기」)라고 말했던 것도 그녀의 출가 의도가 절대적 사랑과 청춘을 향유할 수 있는 완전한 인간이 되고자 했던 것임을 뒷받침한다. 완전한 인간이 되면 어느 때 어느 곳에서 무엇을 만나든지 마음의 평온을 얻고 중립적인 생활을 할 수 있다고 믿었다.

김일엽은 자신의 대표적인 소설이라 할 수 있는 「자각」의 결말 부분에서 "이왕 사람이 아닌 노예의 생활에서 벗어났으니 이제는 한 개 완전한 사람이 되어 값있고 뜻있는 생활을 하여야겠나이다."라고 한 바 있다. 조혼을 한 아내는 시집살이를 하며 온갖 고생을 겪는 반면 남편은 일본 유학길에 올라 다른 신여성을 만나 사랑에 빠지는데, 조혼 제도로 야기된 문제에 대한 책임은 오롯이 여성에게로 돌아간다. 불완전한 사람들이 만들어낸 모순된 사랑과 왜곡된 사회를 변화시킬 수 있는 것은 완전한 인간밖에 없음을 시사한다.

김일엽은 속세의 인간들은 자신들이 지은 대로 살아가는 순력의 존재이자 행려자인 줄을 모른다고 보았다. 그녀는 인생이란 결합과 해소의 이중적 작용대로 생사를 반복하게 되어 육체라는 의복은 언제나 갈아입어야 하고 생활이란 꿈은 끊임없이 장면이 바뀌어 천당과 지옥을 오갈 뿐이라고 안타까워했다. 김일엽은 '인간이 되려고 출가한 처녀'라는 글을 통해서 자신의 견해를 아래와 같이 밝힌 바 있다.

소위 종교인들까지 믿는 정신이 곧 내 정신으로, 믿는 대상의 정신과 합치될 때 나의 정신이 회복되어 나도 대상화되는 것이다. 그것을 모르고 대상의 처분만 기다리는 것이다. 전체적 정신인 완전한 나를 알아 얻어야 완전한 인간이 되고, 완전한 인간이 되어야 피할 길이 없는 고락의 기나긴 길에 안신입명(安身立命)을 하게 되는 것이다.(「눈물과 인생과 행복과―」)

생명의 원천이요 일체 요소를 갖춘 창조적 정신을 잃은

사바세계의 사람들을 향해 연민의 정과 함께 경고의 메시지를 보내고 있는 것이다. 김일엽은 자신부터 본질적 자아를 깨달아 완전한 인간이 되어야 할 필요가 있음을 절감했다. 나를 완성한 인간은 독립적 정신을 얻어 환경에 휩쓸리지 않을 뿐만 아니라, 나는 일체의 존재적 시종의 합일체이므로 나만 이루면 모든 크고 작은 문제는 끝이 난다고 생각했다. 그러므로 이어서 김일엽은 "완전한 인간만 되면 자유와 평화를 누리게 된다. 마음대로 하는 정신을 다 알아 쓰기 때문에 대자유인이 되는 것이다."라고 갈파하기에 이르렀다.

사욕으로 바라보았던 세상에 대한 사소한 원망은 감사로 바뀌었고, 진리를 몰랐던 과거를 청산하고 완전한 인간이 되기 위해 김일엽은 굳게 다짐하였다. 드디어 그녀는 백성욱에게 보낸 편지에서 "나는 보은할 만한 완전한 인간이 되기 위하여 남을 모두 구제하기 위하여 미래세가 다하고 남도록 정진과 …(중략)… 현실에서 무위락(無爲樂)을 얻은 대자유인이 될 것이 아니오리까."(B씨에게 제1신)라고 하였다. 완인이 되기 위해 정진하는 것만이 자신의 소망인 자유인이 되는 길이라 믿었던 것이다. 없어지지 않는다 하여 있는 것이 아니고 움직인다고 하여 산 것이 아님을 모르고 정신없이 살아온 자신을 성찰하며 불교를 가르쳐준 백성욱에게 고마움을 전하였다.

김일엽은 입산 후에도 정진이 잘되지 않아 성불이고 뭐고 다 그만두고 차라리 소멸되는 도리나 있었으면 좋겠다는 생각도 했었다고 한다. 세속의 번뇌를 모두 정화하라는 엄한 지침을 내린 스승 만공 선사의 권유에 따라 김일엽은 18년간 글을 보지도 않고 쓸 생각도 없이 지내며 완전한 인간이 될 것을 서원하였다. 그리고 밤 10시 이전에 누워본 적이 없으며, 새벽 2시 넘어서 일어나 본 때가 없을 정도(「만공 대화상을 추모하며 – 15주 기일을 맞으며」)로 치열하게 수행하였다. 노력 없이는 얻을 수 없다는 우주의 원리를 잘 알고 있었던 그녀는 종교의 목적이 누구에게 의지하려는 것이 아니며, 믿음이란 가르침을 받을 정신이므로 가르침을 받기 위해서는 자신의 혼신을 다 바쳐야 한다고 생각했다.

망상에서 벗어나 일사불란하게 우주화한 무심에 접어들면 어떤 생각으로 무슨 행동을 하든지 탈선되지 않는 완인으로 독립적 생활을 하게 된다고 한다. 비로소 구체적으로 완전한 인간이 되어 인간다운 생활이 개막된다는 것이기도 하다. 이렇듯 분별을 초월하는 불교의 가르침대로 완인이 되면 자타가 일원화하여 온전히 편안함을 얻을 수 있음을 간파한 김일엽은 백성욱에게 쓴 편지의 마지막 대목에서 다음과 같이 단호한 입장을 표명했다.

이제 나는 보은할 만한 인간이 되어야 할 뿐이외다. 보은할 만한 인간이라야 은인에게 보은을 하게 되고, 남의 부모·자녀·국민으로도 책임을 다할 수 있는 인간, 곧 인간적 사명을 완수할 수 있는 완성된 인간이 되는 것이 아니오리까?(「B씨에게 제1신」)

김일엽은 언제나 중생의 제도에 궁극적 목적을 둔 대승불교의 중심에 서 있었다. 그녀는 남을 모두 구제하고 보은할 만한 사람이 되기 위해 완전한 인간이 되어야겠다고 생각했다. 가족이나 사회적 관계 속에서 책임을 다하는 완전한 인간이 되어야겠다는 사명감을 고스란히 드러냈다. 그리고 그녀는 시를 통해 "마치 밑 빠진 구멍에 물을 길어 붓는 것처럼 지닐 데도 없는 노래이언만, 그래도 나는 더욱 소리 높여 부를 뿐입니다."[3]라고 했듯이 완전한 인간이 되기 위해 끊임없이 수행 정진할 것을 속으로 다짐하였다.

또한 정진에 애를 쓸수록 강렬한 망상이 일어나므로 이 고비를 힘차게 넘기는 것이 정진력을 기르는 일임을 잘 알고 있었다. 그녀는 밥은 육체를 살리지만 정진은 정신으로 육체까지 살리는 참된 식량이 아니냐(「B씨에게 제1신」)고 한 바 있다. 김일엽은 진리의 정화라 할 수 있는 완성된 인간은

---

3    김일엽, 「나의 노래」, 수덕사 환희대 편, 앞의 책, 23쪽.

중생을 구원하고자 하는 실천을 통해서만이 도달할 수 있음을 깨닫고 있었다. 소아인 나를 다 바치면 대아를 얻는다는 이치요, 다 버려야 다 얻어지는 원리를 그녀는 잘 익히고 있었던 것이다.

자타가 하나인 완전한 인간을 무슨 방법으로 깨달아 얻을 것인가가 그녀에게 중요한 문제로 대두되었다. 그것은 지극한 원력과 오랜 수양으로 진리를 체득하는 참선(參禪)밖에 없다는 결론을 이끌었다. 김일엽은 "중이 되어 참선을 해야 문화인 곧 내가 내 생활을 하는 인간이 된다."고 하면서 "문화인이란 불멸의 생명을 붙잡는 살아 있는 인간을 말한다."[4]고도 했다.

선지식을 찾아 나를 발견하고 자유인이 되는 법인 참선을 배워야 한다. 김일엽이 만공 선사를 찾아갔던 것도 참선 때문이었다. 정신력을 얻은 완인이라야 내 생활을 내 정신으로 할 수 있는 것인데, 정신적 수입은 참선법으로만 성취되는 것을 알고 만공을 찾게 되었음을 그녀가 밝혔던 것이다. 참선이란 내가 나를 알아서 영구적인 내 생활을 내 정신의 주동으로 해가게 되는 공부(수도)를 하는 것이라고 늘 말씀하시던 스승의 설법을 상기하기도 했다.

---

4    수덕사 환희대 편, 앞의 책, 2002, 207쪽.

물론 참선을 위해서는 인간적인 모든 감정을 떠난 청정하고 평온한 마음(생각)의 준비를 해야 한다. 김일엽은 "참선이란 참선하겠다는 그 마음의 마음을 알아 얻는 법이며 마음의 마음은 일체의 창조주 곧 불(佛)이라는 것이오."라는 만공 선사의 법문을 듣고 크게 발심하였다[5]고 한다. 참선을 하겠다고 한다면 백지와 같은 정신으로 정진을 해야 할 것이다. 모든 것이 마음에 달렸다. 마음을 다해 참선을 한다면 그것은 사상적으로 방향을 정하고 행동적으로 지표를 정한 것이며 일체의 요소를 전부 갖추었기 때문에 큰일이 이루어지는 것임을 만공 선사로부터 들은 바도 있다.

내가 마음대로 쓰지 못하는 나는 참다운 내가 될 수 없으므로 나를 알기 위해 내 생각과 정신을 수습해가는 공부를 게을리하지 않아야 비로소 완전한 인간이 될 가능성이 있다고 김일엽은 보았다. 그녀의 입산수도는 '완인'에 도달하기 위한 여정이었음이 자명하며, 김일엽은 할 수 없다는 열등감만 안 가지면 만능의 완전한 인간이 된다고 믿었다. 생적 평등권에 따라 산천의 초목이나 벌레도 생각은 있다고 물러설 일은 아니다. 김일엽은 "벌레는 대아화(大我化)할 마음,

---

5    유진월, 「사랑과 이별은 곧 하나이며 나와 당신 또한 하나라」, 『종교인의 연애』, 바이북스, 2015, 199쪽.

곧 믿음이 없기 때문에 허공을 벨 칼을 가진 대아라도 벌레의 가는 방향을 돌릴 길이 없는 것이다. 나는 나를 잃어 버렸기 때문에 내가 살아가는 일에 대한 예산과 계획이 세워지지 않았던 것이다."(「울지 않는 인간」)라고 한 바 있다. 안타깝게도 우리는 전체적인 정신을 상실하였다고 한다. 정신적 균형을 잃지 않고, 탈선되지 않을 정신력을 가진 존재라야 완인이 될 수 있다.

그녀는 대아화한 인간으로서 일체 요소를 갖춘 생각, 즉 마음만 있으면 모든 행동을 자유로이 할 수 있는 것으로 알았다. 마음은 생의 원천이요 삶의 고향이다. 일체가 마음 하나뿐이므로 마음의 결집에는 이루지 못하는 것이 없다. 거짓 생각을 버리고 생각을 부리는 참 생각을 하게 되면 행불행을 주재할 수 있어 행동과 생활에서 자유와 평화를 누릴 수 있다는 것이다. 우주의 시종과 존재의 생멸이 생각의 일어남과 사라짐에 달릴 만큼 내 마음은 일체의 창조주이기 때문이다. 이 도리를 깨달은 원효 스님은 당나라에 가려던 계획을 포기하고 신라로 되돌아 왔다고 한다. 어리석음과 지혜로움, 미혹됨과 깨달음이 마음에 있다는 것이 불교 진리의 핵심이다.

김일엽은 육신과 업신과 법신, 이 삼체의 세 가지 마음이 통합 일치되는 행동을 할 수 있는 완성된 인간, 즉 문화인이 될 때 내가 내 생활을 자유로이 하게 되는 것으로 인식했다. 진아나 완인은 생각하고 의식하기 전에 이미 존재하는 생각이자 생각하게 하는 생각으로서 생명의 원천이요 절대적 창조주에 해당하는 무(無)의 세계. 환경에 휘둘리지 않는 독립적인 생각을 얻게 되면 어떤 생활을 하든지 자유롭고, 그러한 정화된 생각(마음)은 행복과 불행을 결정짓게 된다는 것이다. 내가 나를 찾아 내 생활을 해야 하는 것도 행불행이 모두 내 정신 작용이기 때문이다.

그녀는 "생각 하나가 행과 불행을 좌우한 바에는 생각을 가진 각자가 자제하게 되는 생각을 가져야 할 것은 사실이 아닌가?"[6]라고 말하였다. 시공이 생각 하나에 달려 있기에 미래 일도 상상만 하면 이제 내 생각으로 바뀔 수 있는 만큼 생각은 현실적인 것이 된다. 한 생각이 일어날 때 우주가 일어나고 한 생각이 소멸될 때 우주는 사라진다(『당신은 나에게 무엇이 되었삽기에』, 문화사랑, 1997)고 했다. 생각이 일체화된 완인이라면 생각 전체는 곧 시공 전체가 되는 것이다. 따라서 행과 불행이라는 것도 스스로 있는 것이 아니요 사람의 생각이 지어낸 허상에 불과하다고 보았으며, 생각하기 전의 본연적인 나를 발견하여 내 맘대로 생각을 부릴 수 있어야

---

6    김일엽, 「인간의 행 불행과 나」, 『수필시대』 43, 2012.

한다고 주장하면서 그녀는 가짜 생각 속에 살아온 자신의 경우를 회고했다.

나는 입산 25년인 오늘에야 날 부리던 생각을 되붙잡아 내가 부리게 되어야 내 생각대로 사는 독립적 인간이 된다는 사실을 겨우 알게 되었다. 나는 나의 전신인 창조주, 곧 근본적인 생각이요 만능적인 자아를 버리고 피조자인 가짜 생각에 예속되어 다생누겁(多生累劫)으로 수인적(囚人的)인 생활을 하였던 것이다.(「울지 않는 인간」)

김일엽에게는 살아오면서 겪었던 지나간 시간들과 이런저런 사건들이 깊은 느낌과 더불어 눈앞에 떠올랐다. 시간과 공간이 다 생각 하나요 그것이 현실이다. 언제나 지금만 있을 뿐이요 지금이란 이 시간도 묵은해와 새해와의 교류적 순간으로서 잠시도 머무르지 않는다. 자신은 생각 때문에 살고 또 죽어야 한다고도 했다. 입산 25주년이 되어 새해부터 자신을 완성시키는 길로 나아갈 것을 기약하는 그녀의 모습이 진지하기 그지없다. 김일엽은 생각은 곧 일체이기 때문에 조금만 돌려도 기쁨에 충만하고 자신의 세계가 넓어지며 남김없이 다 돌리면 즉석에서 대아를 이룬다고도 말한 바 있다. 때에 따라 달라지는 생각, 기계적인 생각은 본질적인 것일 수 없으므로 생각하게 하는 생각으로 그것을 주재

해야 한다. 이 생각하게 하는 생각인 나의 창조주와 함께하는 사람은 불가능한 일이 없는 완전한 인간이 된다.

생각 하나에 행과 불행이 달려 있음을 알고 무념의 의미를 깊이 깨닫게 된 김일엽은 만공의 선사상을 지침으로 삼아서 집중적으로 수련하였고 자신을 구원하는 논리를 펼쳐나갔다. 특히 불교적 진리인 '무심'을 통한 새로운 구원의 논리를 제시하기에 이르렀다. 생은 영원한 것이기 때문에 노력도 다함이 없을 것이다. 다함이 없는 노력으로 무, 무심을 알아 얻어서 쓰게 되어야 삶의 의욕과 용기가 넉넉해질 것이라 보았다. 그리고 무심에 이르면 외로움이나 즐거움이나 내 마음대로 누릴 수 있게 되며 이 경지에 도달하게 되면 환경에 휩쓸리지도 않고 감정에 팔리지도 않아 심사가 고요하고 평안해진다는 것이다. 이 절대 관념인 무심은 별도로 추구하는 마음이라기보다 현상세계의 유심을 버렸을 때 얻을 수 있다고 한다.

> 외로움이 끊어지고 요구하는 마음이 없어진 '무심', 그것이 일체 요구를 얻을 원천입니다. 유심이란 유한적인 그 마음만 버리면 일체 요소인 '무심', 곧 무한대의 마음이 얻어집니다. '무심'은 내 맘, 남의 맘, 이 맘, 저 맘, 없는 맘, 있는 맘을 단일화시킨 일체 존재의 창조주요 만능적 자아입니다.(『무심을 배우는 길』)

김일엽은 아픔을 껴안고 살아가는 임장화에게 위와 같이 외로움을 잊고 괴로움 없이 살아나가는 데 도움을 주고자 무심을 배워야 한다고 충고하는 글을 보냈다. 아니 무심은 배우는 것이라기보다 인간 본연의 마음이요 전체심이다. 지금 우리가 가지고 있는 감정과 욕심이 들어 있는 마음이 비면 나타나는 깨달음이 바로 무심이다.

그러므로 '진공묘유(眞空妙有)'라는 말처럼 진짜로 텅 비게 되면 그 텅 빈 자리에서 묘한 작용이 일어난다고 했듯이, 그 무심을 얻으면 그가 사는 현재보다 더 무미한 생활에서도 마음 하나로 평안과 기쁨을 맛볼 수 있음을 알려주려 했던 것이다. 위 인용문에서 말한 바와 같이 무심은 누구의 마음이든 또는 무슨 마음이든 모든 마음을 단일화시킨 일체 존재의 창조적 역할을 한다. 이를테면 그녀는 "나의 일체의 정신이 하나로 뭉치고 우주가 단일화되는 무심의 자리에서 피어나는 정화야말로 인격이 완성되는"(「무심을 배우는 길」) 지점임을 주장하고 싶었을 것이다.

무심은 생사와 고락, 진위와 선악을 떠난 안전지대이자 열반의 즐거움을 얻는 경지이다. 그녀의 책 제목이기도 한 『청춘을 불사르고』도 유심의 인간, 즉 몸과 혼을 살라버리고 창조성인 부처가 이미 3천 년 전에 49년 동안 설한 그 무심을 알아 얻는 경지다. 그녀가 말하는 '문화인'도 생각하기 전인 무(無)에서 일체 요소를 다 얻어 마음대로 무엇이든지 창조할 수 있는 위상이다. 이어서 임장화에게 더욱 위안을 주고 싶은 마음에 그녀는 하루바삐 외로움을 버려야 한다고 강력하게 설득하였다. 외로워하는 것은 위로를 얻기는커녕 외로움을 메울 만한 다른 모든 요소를 사라지게 할 뿐이라 말하면서 외로움이나 즐거움이나 자기 마음대로 누릴 수 있는 것은 무심이라고 주장하였다.

> 무심이란 곧 '나'라는 말이 아닙니까? 내가 나를 잃어버리기 때문에 외로우니, 즐거우니 하는 복잡한 문제가 일어나 스스로 영일이 없게 만드는 것입니다. 이때 이 자리에서 누구나 찾을 수 있는 이 '나'는 나의 반면인 내적 '나'이니 전 인류가 다 나를 찾는다면 이 세계는 자타가 일원화한 평화세계를 이룩할 것입니다.(「무심을 배우는 길」)

이처럼 김일엽은 생각의 근원인 '무심'을 통한 자아의 구원을 중히 여기고, 무심을 얻기 위한 노력을 촉구했다. 김일엽은 무심은 유한한 자아의 현 생활을 떠받치는 유심을 버림으로써 획득됨을 깨달았다. 현재 상태에 얽매여 열락을 갈구하는 몽매함에서 벗어나 자아와 타자를 가르는 경계를 허물어뜨려야 하고, 나아가 자아를 타자에 개방하고 자아와 타자의 일체성을 회복해야 한다는 것이다.

그리하여 마침내 평화가 내 안에 있으므로 외계에서 얻으려고 하지 않을 것이며 자아의 발견과 함께 구원에 이르게 됨을 주장하였다. 이처럼 김일엽은 '무심'에 기반을 둔 삶의 새로운 구경, 즉 완전한 인간에 도달할 것을 역설하였다. 모든 정신의 대립이 사라져버리는 무심을 바로 무한의 공간이고 궁극적인 자리로 보고 인간이 추구할 방향을 종교적 완성에서 찾고 있다.

김일엽이 스스로 표현하듯이 감정과 욕심에 의한 활동은 일시적인 것으로서 상대적 갈등 속에서 좌절되었다. 김일엽은 인간의 의의가 정신적인 자아를 찾는 데 있음을 통감하며, 무심을 통하여 모든 상대적 대립이 단일화되고 그 관계가 무의미해지는 완전한 인간을 추구하였다. 이것이 우리가 정진해 나가야 할 방향으로서 인격의 완성화는 바로 종교적 완성의 길로 제시된다[7]고 밝힌 바 있다.

이처럼 김일엽은 불문에 귀의해서 무심을 통해 불(佛)이라는 완전한 인간이 되는 길로 나아갔음을 알 수 있다. 다른 신여성과 달리 김일엽은 자기분열에 시달리지 않았고 마침내 자기 구원에 이르게 되었으며 삶을 선적으로 승화시키고

---

7    양정연, 「근대시기 여성 지식인의 삶·죽음에 대한 인식과 불교관」, 『철학논집』33, 서강대학교 철학연구소, 2013, 59쪽.

있음을 확인할 수 있었다[8]고 평가되는 것도 이러한 이유에서이다.

김일엽이 불교에 입문하게 된 것은 인간 존재의 물음에 대한 해결을 모색하기 위한 것이었다. 여성운동을 포함하는 연애와 결혼 등 세속에서의 활동조차도 사실 인간 존재의 탐색에 지나지 않았다. 그녀의 모든 거취와 활동은 완전한 인간 즉 문화인이 되고자 하는 관점에서 전개된 것이었다고 할 수 있다.

---

8    김무숙, 「김일엽의 선적 문학관 고찰−청춘을 불사르고를 중심으로」, 『국제언어문학』 40, 국제언어문학회, 2018, 52쪽.

# 10
# 열반에 들다

한국 불교가 낳은 최고의 비구니로 일컬어지는 김일엽은 불가에 귀의하기 전 여성이 가정에서나 사회에서 독립적 자아 또는 주체적 인간으로서 인정받기 힘든 시대에 자신부터 각성하려 했고 세상을 향해 경각심을 일깨우고자 노력했다. 그것은 무엇보다 가부장적 이데올로기와의 투쟁이요 식민지 치하의 현실에 맞서는 일이기도 했다.

그러나 더 근원적으로는 김일엽 스스로 지상적 인간의 욕망이나 고독과 같은 실존의 문제에 심취해야 했다. 시간과 공간에 갇히지 않고 영원과 우주로 나아가고자 하는 구도의 정신이 그녀의 내면 깊숙이 도사리고 있었다. 그녀에게는 불행한 시대, 닫힌 사회만이 아니라 인간적 한계를 벗어나 진정한 자아를 회복하고 완전한 인간에 도달하고 싶은 열망과 자유의 의지가 넘치고 있었다.

김일엽이 신여성들을 향하여 자각을 촉구하고 사회 개조를 외치며 사명을 다할 것을 주장하는 등 성을 비롯한 여성 해방을 위해 기존의 질서와 가치에 도전했던 것은 인간으로서의 진아를 찾고 완인이 되고자 하는 몸부림이었다. 다시 말해 그녀의 속세의 삶은 평탄하거나 단순한 것이 아니었다. 인간 존재의 모순과 불안으로 인해 긴장과 갈등이 점철되었다. 사랑도 청춘도 모두 참된 자아, 완전한 인간을 찾기 위한 여정이었다.

마침내 김일엽은 복잡하면서도 역동적인 세속적 인생 행로에서 스스로 멈춰 선 뒤 적극적으로 완전한 인간의 삶을 도모하기 위한 출가를 단행하기에 이르렀다. 그리고 생은 영원한 것이기 때문에 자신의 노력도 다함이 없을 것이라 했던 그녀는 아래와 같은 말도 하였다.

> 이 중은 자신이 사람이 되지 못한 것을 알고 세상 인연을 끊고 산으로 들어와서 사람 되는 공부를 하고 있습니다. 인생 문제를 해결하려고 애를 쓴 지가 어언 30년이 넘었습니다. 이제는 물 내음을 맡은 사슴 정도는 되었으니, 생명의 원천을 찾아가는 방향은 확인되었습니다.[1]

---

1   김일엽, 「나를 알아 얻는 길」, 『청춘을 불사르고』, 김영사, 2002,

세상에서 '사람이 되지 못한 것'을 인식했다는 데서 김일엽이 속세에서 인간의 문제에 집착했음을 쉽게 가늠하게 되며, 나아가 입산해서도 '사람 되는 공부'를 하고 있다는 데서 역시 인간에 대한 탐구에 몰입하였음을 알 수 있다. 그녀의 전 생애가 치열하게 '인생 문제'를 해결하고 '생명의 원천'을 찾아가는 데 집중되고 있음을 확인하게 된다. 입적하기 10년 전쯤 늘그막에 자기의 삶을 겸손하게 회고한 김일엽은 인생 후반에 이루어진 종교의 구도적 수행을 통해 참되고 완성된 자아를 회복할 수 있었음을 보여주었다.

그녀가 속세와의 인연을 끊고 불문에 들어선 것이 현실 도피에서가 아니라 구도자로서 진정한 자아, 완전한 인간이 되고자 하는 집념 속에 효율적으로 인생을 이어나가기 위해서였음이 분명하다. 김일엽은 1930년 승적에 이름을 올린 후 줄곧 수덕사 견성암에 머물며 수행과 포교 활동에 매진하였다. 어느덧 1960년 김일엽은 노환으로 견성암을 떠나 환희대로 거처를 옮겨야 했다. 건강이 좋지 않음에도 불구하고 비구니 생활 기금과 비구니 총림을 건립하기 위해 1억원 기금 모집을 목표로 춘원 이광수의 『이차돈의 사(死)』(1935~1936)를 각색하여 1967년 8월 세계 최초로 여성만의

408~409쪽.

불교극을 서울 명동 국립극장에서 상연하기도 했다.

김일엽은 1970년 11월 하순 대중처소에서 열반하고자 하는 뜻에 따라 환희대에서 총림원 별실로 옮겨갔다. 속세에서 외로움과 치열하게 싸우며 완전한 인간의 꿈을 이루고자 불문에 들어 맹렬하게 수도에 정진했던 김일엽은 1971년 1월 28일 새벽 1시경 총림원 별실에서 그토록 사랑했던 존재들을 뒤로하고 76세 나이로 입적하였다. 순간 연꽃 같은 미소가 입가에 퍼졌다고 상좌스님은 전하고 있다. 2월 1일 오전 10시 한국 최초의 '전국 비구니장'으로 영결식을 거행하였다.

임종을 앞둔 시기인 1970년 4월 28일 75회 마지막 생일에 썼다는 「일생에 다시 오지 않는 오늘(一生不再來今日)」이란 아래와 같은 시를 통해 김일엽은 그동안 자신을 옭아매고 고통스럽게 하던 생로병사의 모든 질곡으로부터 해방되어 열반의 자유를 성취했음을 보여주고 있다.[2]

| | |
|---|---|
| 일생에 다시 오지 않는 오늘이요 | 一生不再來今日 |
| 영겁에 얻기 어려운 이 몸이라 | 永劫難像得此身 |
| 태어나 험한 길 거쳐 이 산에 이르니 | 生來險路到此山 |
| 오늘에야 문득 옛 근심 잊노라 | 今日忘却昔年愁 |

2  수덕사 환희대 편, 앞의 책, 52쪽.

그녀는 열반에 듦으로써 세상적 인연으로 인한 괴롭고 쓰라린 모든 과정을 내려놓을 수 있었고 새롭고 고요한 세계로 평안히 들어갈 수 있었다고 본다. "일생에 다시 오지 않는" 열반에 의해 비로소 김일엽은 그토록 염원하던, 완전한 인간으로서 누릴 수 있는 '영원한 청춘'과 '영원한 사랑'을 획득하며 진정한 자유를 구가하게 되었을 것이다.

주체적으로 자신의 삶을 살고자 제도와 관습에 저항했던 김일엽은 결국, 자신이 원했던 인간의 완성과 내면의 평화를 얻게 되었다고 본다. 마음의 중심을 지키며 용맹정진한 결과, 김일엽은 자신의 성품을 보는 것이 '견성(見性)'이요 그다음으로 부처가 되는 것이 '성불(成佛)'이라는 불법을 깨닫게 되고 그리하여 그녀는 자신으로부터 대자유를 얻는 경지에 이르게 되었을 것이다. 특히 김일엽은 만공 선사를 만나 과연 '나'는 누구인가? 라는 진아 찾기로 출발하여 마침내 '부처'는 자신 속에 있음을 깨달음으로써 '완인'에 이르는 삶을 마감할 수 있었다고 본다.

김일엽은 불교적 스승이었던 백성욱에게 보낸 편지에서 한 원로 스님의 말을 빌어 "구원의 길이란 나를 찾아 자유인이 되는 그 길입니다. 자유인만 되면 불교라는 그 권에서도 벗어나고 부처님이라는 그 우상도 떠나게 되는 것 아닙니까."(「B씨에게 제1신」)라고까지 말한 바 있다. 입적을 계기로 김일엽은 그토록 바라던 완전한 인간에 도달했고 비로소 진정한 자유인이 되었다고 할 수 있다.

열반이란 현실의 내외를 나머지 없이 파악하여 운용하게 되는 때, 곧 무슨 일에든지 일체화로 쓰게 된 때이므로 일에는 불가능이 없고 편하지 않을 때가 없이 된 대안(大安)을 얻는 것이라(「만공 대화상을 추모하며 – 15주 기일을 맞으며」)고 만공은 말한 바 있다. 김일엽은 열반이 최고목적인 소승을 넘어 성불이 최고목적이라는 대승의 모습을 여실히 보여주었다고 본다.

세간의 논란과는 달리 일관되게 자신의 삶을 깊이 성찰해온 인간 김일엽은 자성(自性)을 일으켜 깨닫는 것이 최종 목표인 불교에 귀착한 뒤 수행 정진해오다 고요히 열반의 세계로 들어갔다. 자신을 구원할 수 있는 사람은 바로 자신이며 구원해줄 대상인 부처조차도 마음에 있다는 것을 알게 되기까지 불교의 교리를 실천 수행한 김일엽은 몸소 부처와 중생이 둘이 아니고 번뇌와 깨달음이 둘이 아님을 보여주었다. 그녀가 그토록 소망했던, 영원한 청춘과 절대적인 사랑을 구가할 수 있는 완전한 인간이자 문화인에 흔쾌히 도달했을 것이다. 특히 불자들의 존경 속에서 행복한 생을 마감할 수 있었다고 본다.

# 에필로그

지월(指月)이라는 용어는 『능엄경』에 나오는 말로 후대의 승려들이 많이 인용해왔다. 어떤 사람이 손으로 달을 가리켜 다른 사람에게 보인다면, 그 사람은 손가락을 따라 당연히 달을 보아야 한다. 외로움에 시달려온 김일엽은 마지막 연인이라 할 수 있었던 백성욱을 만나 왜 '달만 가리켜주시지 않고 사랑의 이치를 보여주셨는가'를 따진 바 있다. 김일엽은 어디에서든 세상을 향해 본체를 붙잡고자 애써왔으며 우리는 김일엽의 본체를 파악할 필요가 있다.

김일엽은 아직 어둠이 말끔히 가시지 않은 조선의 근대화 시기 '완전한 인간' 즉 완인(完人)이 되고 싶은 꿈을 지녔고, 그 꿈을 향해 끊임없이 인생 문제에 매달렸던, 속세의 신여성이자 불가의 선승이었다. '문화인'이라고 할 수 있는 완전한 인간이 되기 위한 하나의 목표를 향해 속세와 불가라는 두 길을 가야 했던 김일엽의 고단한 삶과 그에 부응하는 위대한 성과를 진지하게 이해할 도리가 우리에게 있음을 깨닫게 되었다.

김일엽은 어린 나이에 부모 형제 모두 잃고 외롭기 그지없는 가운데 18세 연상의 이노익과 결혼했으나 첫날 밤 신랑이 한쪽 다리를 떼어 벽에 세워두는 것을 보고 놀라고 말았다. 채워지지 않는 공허감은 속세의 삶에서나 구도자의 길에서 완인에 도달하기 위한 밑거름이 되었다.

남성들의 글쓰기 영역에 도전한 김일엽은 처음으로 여성들 스스로 만든 『신여자』 창간의 주역이 되어 최초의 여성 저널리스트로 불렸다. 만공의 권유에 따라 절필했다 출간한 『청춘을 불사르고』가 많은 사람을 귀불하게 만들었던 것은 글쓰는 일이 그녀에게 숙명이었음을 뜻한다.

개조의 시대로 바뀌고 있는 때를 맞아 김일엽은 신여자의 사명이 절실하다고 보고 가장 먼저 필요한 것이 여성의 자각임을 호소했다. 나아가 남성 의식과 사회적 분위기를 바로잡기 위한 계몽이 필요하며 무엇보다 여성교육의 보급이 시대적 소명임을 강조했다.

김일엽은 여성의 섹슈얼리티의 해방을 과감하게 실천하

고자 했다. 특히 오타 세이조와의 연애와 출산, 임노월과의 연애와 동거 등을 통해 성차별적인 구조에서 성적 자기 결정권을 지키고자 했다. 그녀의 혁신적인 행보는 완전한 인간에 이르고자 하는 통과의례적 의미를 지니고 있었다.

만남과 동거 등을 경험한 후 김일엽은 '인격'을 중시하는 자유연애론과 신정조론을 선언했다. 그녀의 궁극적인 관심은 완인의 도달이라는 영원한 진리의 모색에 있었다. 여성에게 강요되어온 육체 중심의 정절 이데올로기를 대체하는 정신적 신정조론은 사회에 커다란 충격을 주었다.

백성욱이 떠나자 김일엽은 "이렇듯이 심각한 비애를 느껴본 적은 없나이다."라고 했을 만큼 그에 대한 사랑은 진지했으나 그후 속세의 욕망을 뛰어넘어 종교에 귀의하게 하는 계기로 작용하였다. 백성욱은 둘의 만남이 완인이 되기 위한 도반의 인연이었음을 깨우쳐 주었다.

재가승 남편 하윤실과 이혼한 뒤 김일엽은 완전한 인간의 회복을 위해 입산수도의 길을 선택했다. 인간 문제를 해결하는 데 속세보다는 훨씬 효과적이라는 판단에 따라 그녀는 1933년 6월 금강산 마하연에서 만공의 지도를 받아 출가하여 수덕사 견성암에 안착 주석하였다.

김일엽은 평생 인간 문제를 떠나지 않았고 참된 자아, 즉 '진아(眞我)'를 발견하고자 노력했다. 만공 선사가 "인간이 가장 귀한 의미가 바로 '나'를 찾는 데 있다."고 말했듯이 김일엽은 '내가 잃어버린 나를 찾아 내 생활을 하는' 데에 인간의 의의가 서는 것이라 생각했다.

문화인이라 할 수 있는 완전한 인간[完人]이 될 필요성을 절감한 김일엽은 환경에 휘둘리지 않으며 모든 크고 작은 문제를 넘어서고자 하였다. 마침내 그녀는 "완전한 인간만 되면 자유와 평화를 누리게 된다. 마음대로 하는 정신을 다 알아 쓰기 때문에 대자유인이 되는 것이다."라고 갈파하였다.

김일엽은 1971년 1월 28일 새벽 1시경 수덕사 총림원 별실에서 한없이 사랑했던 존재들을 뒤로하고 76세 나이로 입적하였다. 열반에 듦으로써 비로소 김일엽은 그토록 소망하던 영원한 청춘의 삶, 절대적 사랑을 얻고 진정한 자유를 누릴 수 있게 되었을 것이다.


춘원 이광수가 붙여준 일엽(一葉)이라는 필명이 마음에 들었던지 일엽 김원주는 "가냘픈 한 잎새가 / 폭포 중에 떨어져서 / 으깨고 조각나도 / 다만 / 그 넋(魂)일랑 / 대해(大海)까지 이르고저"의 「한 잎」이라는 제목의 시까지 지은 바 있다. 세상에 부딪쳐 몸은 산산히 부서지더라도 혼은 오롯이 살아남기를 바랐던 고독한 여성 지식인의 당찬 열정과 투지가 가녀린 목소리에 실려 강렬하게 우리 곁으로 다가온다.

나뭇잎 하나 떨어지듯 치열했던 삶을 조용히 거두는 미소를 머금은 김일엽의 모습은 아름다운 여운으로 퍼진다. 불교계 큰스님들도 인정하듯이 김일엽은 한국 종단의 비구니계의 최고 지도자일 뿐만 아니라 우리나라 전 여성계의 정신적 지도자로서 찬연히 빛을 발하고 있다. 길은 기고 날고 뛰는 존재에게 다같이 공로(共路)가 되듯이 도(道)는 모두가 같이 지니고 있으므로 누구나 도인(道人) 즉 완인이 될 수 있다며 완전한 인간, 즉 문화인이 되고자 했던 김일엽의 꿈은 이제 이루어졌으리라 믿는다.

# 김일엽,

완전한 인간이 되고자 두 길을 가다